JN246207

AINO AALTO

アイノ・アールト

AINO

アルヴァ・アールト財団、アルヴァ・アールト博物館＝監修／ウッラ・キンヌネン＝編／小川守之＝訳

AALTO

TOTO出版

凡例

注のアルファベット略称を以下に示す。

AAS——アルヴァ・アールト財団

AAH——アルテック史料館、ヘルシンキ

AAJ——アルテック史料館、ユヴァスキュラ

ETH——スイス連邦工科大学

HYK——ヘルシンキ大学図書館

KA——国立文書史料館

MV——国立古美術研究所

PRH——特許登録委員会

SA——戦争史料館

SKSÄ——フィンランド文学協会、音声資料館

SEA——フィンランド映画アーカイブズ

SKM——フィンランド手工芸博物館

SRM——フィンランド建築博物館

SVM——フィンランド写真芸術博物館

TKK——ヘルシンキ工科大学

- 上記の機関名称は原著の表記を和訳したものである。
- 本文中で、文字の小さいカッコ書きは訳注を示す。
- 邦訳書の刊行されていない書名は、原語(日本語訳)で示す。
  ただし、頻出する場合は、初出を『原語のカタカナ読み、原語(日本語訳)』、
  以降は『原語のカタカナ読み』で掲載している。
  例:『アルキテヘティ *Arkkitehti*(建築家)』初出/『アルキテヘティ』2回目以降
- 注の末尾にある*は出典を示す。出典の詳細は巻末の参考文献参照。

目次

序文

ヘイッキ・アラネン
アルヴァ・アールト財団役員会副会長

2004年1月25日はアイノ・アールトの生誕110周年記念日にあたる。

1994年はアイノの生誕100周年だったが、記念のお祝いが行われることはなかった。その当時、1998年のアルヴァ・アールトの生誕100周年に注目が集まり、アルヴァより少し年長のアイノのことは忘れられていた。アイノにとってこういうことは、最初から運命づけられていたことである。

私（ヘイッキ・アラネンはアルヴァとアイノの孫でもある）は最初、本書にアイノとアルヴァの往復書簡についての文章を書こうと思っていたが、資料を調べ始めてすぐに、そんな文章ではことの表面をかすめるだけで、意味があるようには思えなくなった。そこで、その代わりにこの序文を書くことにした。

アイノとアルヴァの人間として、そして芸術家としての生涯とふたりの関係性は、それだけで丸々本1冊に値する。調べれば調べるほど、アイノの謎めいた人物像への興味は増し、あらゆる面でアイノの重要性が、ますます明らかになってくる。

アイノについては、これまであまり注目されず、アイノについてのまとまった文章も書かれてこなかった。アルヴァ・アールトとその建築については無数の本が出されてきたというのに。

自由奔放なアルヴァにとって、アイノは良きバランスの錘となり、彼女の冷静さと几帳面さによって、コンペやプロジェクトを期限までに終わらせることができたと言われてきた。例えば、ヨーラン・シルツは「アイノはしばしば現実から遊離するアルヴァよりも、人生の限界や単調さについてよく知っていた」と書いている。また一方では、アイノはアルヴァのミューズだった、とも言われてきた。

バランスの錘だとかミューズだとかの言われ方は、もちろん偏見で、どちらも正確ではない。今ではおそらく状況は変わってきていると思うが、本書が扱っている時代は、建築家のカップルのジョイント・プロジェクトや、共同事務所の作品は、常にどちらかの業績となりがちで、もうひとりの影を薄くした。

しかし、アイノひとりが果たした役割を必要以上に強調するのは、どの作品がどちらによるものかを詳細にわたって分析することと同じように間違ったことだと思う。後世に残る重要な業績については、決してどちらかひとりでつくりだされたのではなかったというのが真実だろうと思う。すべての業績は、創造の段階から、結局はふたりの相互作用によって実現している。ではなぜ人びとは、アイノあるいはアルヴァの場合に限って、彼らの協働の成果を過剰なまで詳細にわたって、どちらか一方の成果にしたがるのだろうか？ アイノとアルヴァはそうはしなかった。例えば1930年のアルテック設立契約書の中に、アイノとアルヴァはふたりが対等な建築家で協働者であることを強く宣言している。さらに1930年代の重要な設計競技のほとんどの計画案には、事務所としてだけでなく、ふたりがそれぞれサインをしている。

このことは、もちろんとても込み入った問題で諸説あるものの、1920～1940年代における彼らの建築デザインの成果については、アイノとアルヴァのお互いが補完関係にあったことは確実である。

アルヴァが生気に溢れ、想像力に富んでいたのに対して、アイノの方は図面を描くのが得意だったと言われてきた。アルヴァのデザインは自然に湧いてくるもので、日常からはかけ離れたものであったのに対して、アイノはより機能主義者の理想とするところに忠実で、注意深くスタディされ、実用的なデザインへと落とし込んでいくことに長けていた。しかしこうした評価は、アイノとアルヴァの協働とその生活についての後世の人びとによる推測にすぎない。

アイノとアルヴァはお互いをすでに学生のころから知っていたが、より近付いたのは、アルヴァが大学卒業後すぐに、事務所を開設したユヴァスキュラに、アイノが1923年に移ってからであった。アイノはスタッフとしてこの小さな事務所に通い始め、すぐに彼らの関係は進展した。アイノは1924年7月6日の妹ヘルミへの手紙にこう書いている。(p. 9)

マイレ・グリクセンはかつてアイノのことを、今までに会った人の中で最も美的感覚のすぐれた人だと評し、また美意識とクオリティは、アイノにとっても重要事項であった。彼女の生涯でもっとも重要な時期は、家具とインテリアのデザインをしていたころであり、例えば「ヴィラ・マイレア」のインテリア・デザインはほとんどがアイノの仕事である。

家具とインテリア・デザインにおけるアイノの才能は、「パイミオのサナトリウム」の家具でもわかるように、初期作品からすでに明らかであったが、アルテック設立はアイノのキャリアにをさらに飛躍させる最も重要な転機でもあった。アイノが早い段階でアルテックのデザイン部門のトップに就任したことは、アル

ユヴァスキュラ、1924年 7月 6日

親愛なるヘルミへ

まだ気持ちが高ぶったままこの手紙を書いています。けれど、そのうち落ち着くでしょう。私たちは真夏の間、アラヤルヴィで過ごしました。とても楽しい旅でした。心からの歓迎を受けて、直ちにアルヴァの家族の一員になりました。みんな真心溢れた人たちでした。知っての通りこれは真剣な計画で、順調に行けば秋には結婚します。簡単でいいから返事を下さい。だけどいろいろ言わないでくださいね。誰もが一度は経験することだろうし、今回のことは、ばかばかしく見えても悪いことではないし、少なくとも他のことよりは良いのかもしれません。でもまだ誰にも言わないで。ここユヴァスキュラでは私たちのことはみんなすでに知っていて、祝福してくれています。

アイノ

テックの成功に大きく貢献している。アルテックが現在まで引き継いできた品質の伝統は、彼女がつくり上げたものと言える。

設立契約書によれば、アイノは最初からデザイン部門のトップとして独立した役割を担っていたが、ニルス＝グスタフ・ハールが1941年に前線で戦死した後は、アイノがアルテックの経営者になり、亡くなるまで務めた。

一般には、アイノは、「アイノ・アールト」シリーズとして売られている「ボルゲブリック・コレクション」のような、ガラス器のデザインで有名かも知れない。「ボルゲブリック」は1936年のミラノ・トリエンナーレでゴールド・メダルを獲得した。これに関連してアイノがデザインしたフィンランド館の会場構成もグランプリを勝ち取っている。後のフィンランドのデザイナーたちの多くがミラノ・トリエンナーレで賞を獲得しているが、アイノが先駆者でもある。ここに彼女がアルヴァに宛てて書いた手紙を引用する。(p. 11)

私の母の1949年のポケット年鑑の、1月13日のメモ欄に短い書き込みがある。「午前8時10分、マミー、眠ったまま息を引き取る」

アイノの死は、アルヴァにとっても子供たちにとっても大きなショックだった。アルヴァはこれに耐えられずに、くじけてしまうのではないかと危惧された。アイノの死というトラウマが、アルヴァが彼女についてあまり語らなくなった理由でもある。私が知っている限り、アルヴァは家族の中でさえも、彼がアイノの名前を出したことは一度もなかった。

アイノが重要な役割を演じたと思われる多くの作品が、アルヴァ・アールトひとりの作品とされている。大事なことはアイノがフィンランド文化の歴史にとって特別な分野を代表しているということである。特にフィンランド独立当初、多くのフィンランド人にとって自国の芸術と文化は、深い愛国心と結びついていて、国家を牽引する重要な源泉だと考えられていた。アイノとアルヴァはこれら国家的な源泉を融合させ、真にインターナショナルな形態言語に昇華させ、モダンでありながら歴史に忠実な、極めて特別なやり方で時代の試金石となった。彼らがフィンランドではまだ知られていないときにも、国際的な芸術の舞台ではすでに有名であった。

ようやくアイノ・アールトを思い出すべきときが来たのだ！

ミラノ、1936年 6月 1日

親愛なるアルヴァ

展示の準備は昨日、日曜日の朝７時に終わり、私は眠りにつきました。ハールがオープニングにひとりでやってきました。10時でした。イタリア国王がすべての展示を見て回り、私たちの家具とフィンランドのカバの森についての感想を話していました。皇太子時代にフィンランドを訪問したそうです。

私たちの展示はとても注目されて、みんなあの廊下に奇跡を起こしたと言っています。あそこに置かれた植物がとても良かったのです。壁の１か所に棒を設置して、レリーフを吊り下げました。例えばレリーフの値段などについて、問い合わせがたくさんありました。規定があって手頃な価格で販売するのは難しいです。ここではおそらく私たちの家具の本当の価値は理解されないでしょうから。ですが、これらが何か特別なものだということを、人びとは薄々感じてくれています。

ハールは、忍耐強くまた同僚として、よく働いてくれますが、大事なところで経験不足なところがあります。子供たちによろしく。モッシの通信簿があまり良くないのは、マミーに少し似たのかしら。

いろいろありましたが、来て良かったです。こういう旅では何かしら新しいことを学ぶものです。

アイノ

アイノ・アールトについて

アルネ・ヘポラウタ
アルヴァ・アールト博物館研究員

アイノ・マルシオ(1906年まではアイノ・マンデリン)は、アルヴァ・アールトとは対照的だと言われてきた。アルヴァが衝動的でアイデアに溢れた人、アイノはリアリストで財布を預かり、夫を支える大黒柱という風に見られている。ジークフリート・ギーディオンはふたりを評して、活火山とその周りを静かに流れる川の流れになぞらえた[1]。これらの見方も全てが間違いとまでは言わないが、もう少しアイノの具体的な人物像、また違った一面を見つけられないものだろうか？ 彼女についてまだ知られていない何かがあるのではないだろうか？ 不可能とは言わないまでもこれは難しい仕事だ。しかし、すでによく知られた事実の見方を変えることによって、アイノの新たな一面が垣間見えるかもしれない。しかしそれは洞窟の壁に一瞬映る影のように儚いものである。

1. Giedion 1974, p. 667*

ユホ・マルシオ(父)、ヨハンナ・マルシオ(母)と子供たち、1900年代初期。左から、ヘルミ、サイマ、エレン、アクセル、その前が一番幼いイーヴァ。床に座っているのがアイノで、隣がリーサ、そしてアルマ、ヨハン、ロサ。

子供時代

アイノは1894年1月25日、ヘルシンキに生まれた。父のユホ・マンデリンは鉄道会社で制動手として働き始め、のちに上級車掌に昇進した。母はヨハンナ・マンデリン・ネエ・ナスマンである。夫婦の間には13人の子供が生まれ、そのうち男の子が5人（うち3人は1歳の誕生日を迎える前に亡くなった)、女の子が8人だった。19世紀国民運動を主導したJ・V・スネルマン(1806-1881。ナショナリズムの思想的な指導者。フィンランド語をスウェーデン語と対等の地位にするために尽力した)の生誕100周年の1906年5月12日に、一家にはフィンランド語のマルシオという名字が与えられた[2]。

ルオホラーデンカッツ通りのアルク・ハウジング・コンプレックス（アイノの子供時代の家）に転居する前、マルシオ一家は約300m北のヴェステレッキ・ブロックに住んでいた。敷地内には、1867年に建てられた孤児院とふたクラスの小学校が入った石造２階建ての建物があり、ラピンラーデンカッツ通りに面していた[3]。その孤児院と小学校の隣、大きなコートヤードの東側にあるシ

2. ハミルカル・アールトの私信、2003年12月15日。
3. Waris 1950b, p. 247*

ルオホラーデンカッツ通り20番のマルシオ家。コートヤードから見たところ。

ンプルな細長い形をした住宅に一家は住んでいた[4]。その当時の家族構成は両親、息子のヨハンとアクセル、娘のロサとアルマ、それと祖母のエヴァ・スティナであった。父以外も孤児院と小学校の職員として「働いた」。祖母にもまた、まだ歯の生えていない、幼いアクセルのために食べ物を柔らかくするという役目があった[5]。

19世紀半ばのヘルシンキの労働者階級の人びとの住宅事情は、とても厳しいものだった。地方からの移民が新住民となって急速に膨れ上がり、活発な開発が行われてはいたが、深刻な住宅不足は解消されず、所得の少ない人びとは、狭苦しく悲惨な条件のところに住まざるを得なかった。このころ住宅不足を解消し、住居の水準を上げようというさまざまな試みが行われはしたが、問題が解決されることはなかった。当時は資産家、建築家、そして建設業者が主に開発を行っていたが、19世紀終わり近くに、合資会社についての法律が改正されて、住宅を所有するための会社がつくられ、住民は自分たちが住む住宅の建設をそこに委託できるようになった。こうして1880年代のヘルシンキで設立され始めた労働者の住宅所有会社の最初の例がアルク・カンパニーで、集合住宅開発を行った[6]。

マルシオ一家は1888年の晩夏に、新しいアルクの住宅に移った。アルクは、ルオホラーデンカッツ通り、ヒエタラハデンカッツ通り、エーリキンカッツ通り、そしてケイデンプノジャンカッツ通りという4つの通りに囲まれたクハンケイッ

4. Finland-Kartbok. Kartasto-Suomi 1894, Helsinki; Tanner 1966, p. 10, p. 77*
5. Tanner 1966, p. 10*
6. Waris 1950a, pp. 165-201*; Åström 1956, pp. 130-164*; Tanner 1966, p. 19-21*; Lilius 1983, p. 166*

アイノが16歳のときに描いた自宅のキッチン。キッチンは整然としており、レンジのとなりに水栓が見える。

タヤ地区にふたつの敷地を購入していた。アルクはそこに6つの建物を建て、そのうちルオホラーデンカッツ通りとエーリキンカッツ通りに面してそれぞれ木造住宅があった。それらの間のヒエタラハデンカッツ通りには90メートルにわたって連なる建物群があり、4つの通りに囲まれたコートヤードにふたつの住宅と、それぞれの離れが建っていた。アパートメントは株主のオークションに掛けられ、その結果マルシオ家はルオホラーデンカッツ通り20番に引っ越した[7]。

このアルクのアパートメントはエントランスホール、寝室、キッチンからなり、みな似通った間取りをしていた。さらに各住戸のサイズに応じた屋根裏スペースと地下食料庫がつき、じゃがいもや野菜を保存するための煉瓦で囲まれたエリアがあった。キッチンには、ヘルシンキでは当時まだ珍しかった水道配管や、薪を燃料とする調理用のレンジがあった。一般的な労働者階級の住宅にはレンジはなく、居室のみの構成で、また水道も珍しく、人びとは通常、市から供給された井戸の水を使っていて、中庭に共用の水栓がある住宅ですら進歩的だった[8]。

アルクの住民には社会的な階層の差はそれほどなく、鉄道に勤務する人が9人、大工たち、靴職人の親方と大学の用務員が各ひとりずつ、ロシア人のふた家族、中流階層の家族もひと家族住んでいた。住民はフィンランド語を話したが、日常生活に言葉の問題はなく、子供たちはコートヤードで遊び、大人たちは家事をするときに顔を合わせた。コートヤードは斜面になっていて、エーリキンカッツ通り側のアッパーヤードとルオホラーデンカッツ通り側のローワーヤードと呼ばれるふたつのパートに分かれていた。住民は一種の大家族のようにお互いをよく知っており、これは、みな例外なく、向こう10年間は売りに出さないという条件で住居を所有していたからである[9]。

アイノは、1894年1月25日に生まれ、こうした環境の中で育った。のちに社会民主主義の政治家で、首相になったヴェイノ・タナーはこのローワーヤードに住む子供たちのひとりで、マルシオ一家をよく知っており、アイノの兄アクセルの親友だった。タナーはマルシオ家のことを、自由な精神の楽しい家庭で、訪ねるのが楽しみだったと回想している。両親ともハメ地方出身の

7. ルオホラーデンカッツ通りの20番とエーリキンカッツ通りの39番は1888年1月7日にヘルシンキ市から払い下げられた。Tanner 1966, pp. 21-23*
8. 寝室の広さは5.5m×5.5m、キッチンは4.5m×4mだった。Tanner 1966, p. 23*
9. Tanner 1966, pp. 24-25, p. 76, pp. 82-83*

真面目な人たちで、母は身体が大きくユーモアのある女性、父はひとりでいることを好み、休みのときには、ベッドにもなる木製ソファに座り、『ウーシ・スオミ新聞』を何時間も読んでいた。あまりに熱心に読んでいたので壁紙には頭の跡が黒い染みをつくり、それを母は来客があるたびに笑いながら見せていた。両親は向上心のあるしっかりした人たちで、アルク・カンパニーの計画に思い切って参加し、自分たちと家族のための終の住まいを獲得した。子供たちもよく育ち、両親は子供たち全員に教育を受けさせようと思っていた[10]。

教育

アイノ・マルシオはヘルシンキ・フィンランド女子学校に通い、大学入学資格試験にパスしたのち、進路を選ぶことになった[11]。彼女はふたつの選択肢を考えた。ひとつは下の妹リーサと同じで幼稚園の先生、もうひとつは兄アクセルの後を追って土木技師になることであったが、アイノはヘルシンキ工科大学に入り、建築の道を選んだ[12]。

スオミネン=コッコネンは、アイノの内気で控え目な性格、デザインと建築におけるミニマリズムへの関心、シンプルなデザインなどは、育った環境からきていると言う[13]。彼女がデザインや家具作りに興味をもったのは、アッパーヤードのニーロ・ウィランダーから影響されたのかもしれない。彼は自宅の地下の工房で、木工仕事や建具作りをしていて、またヒエタラハティ木工・家具工場で職長をしていた。アイノはのちに22歳のとき、2か月半そこで実習生として働き、木工とその組み立て段階のさまざまな工程を経験した。アイノは家具をいくつかデザインし、作ってもいる。ウィランダーの息子たち、ヴェイノとトイヴォはのちに名字をヴァハカリオと称し、トイヴォは工科大学の教授に、ヴェイノは有名な建築家になり、そして国家建設局の総裁になった[14]。

アイノは1913年9月4日、ヘルシンキ工科大学に入学した。ディプロマの最初のパートを完成したのが1915年9月13日で、1920年1月20日には最終的な建築の卒業ディプロマを終えた[15]。工科大学で彼女は、そしておそらく建築学科の学生は誰もが、アルヴァ・アールトに出会い、彼を知っていて、アルヴァ自身も、そのことをわかっていた。たとえば工科大学での最初の日、女子学生のドローイングのクラスに入り、学生の作品にさまざまな助言をした[16]。アルヴァは1916年9月16日にヘルシンキ工科大学に入学し、ディプロマの最初の

10. ヴェイノ・タナーは国会議員になり、フィンランドの首相になった。Tanner 1966, pp. 77-78*; Suominen-Kokkonen 1992, p. 82*
11. 学校は何年も卒業生との連絡を絶やさなかった。1931年アイノは、ヘルシンキ将校クラブで開かれた元教師と卒業生の夜会に招待された。ヘルシンキ・フィンランド女子学校からアイノ・アールトへの手紙、1931年。AAS; Helenius 1982, p. 54*
12. アクセル(アク)・マルシオはのちにヘルシンキ市発電所の所長になった。Saukkonen 1962, p. 454*; Helenius 1982, p. 54*; Suominen-Kokkonen 1992, p. 82*
13. 同上。
14. 会社名はスウェーデン語でSandvikens Aktiebolag(サンドヴィケンズ株式会社)と称した。Hietalahden Puusep-pätehdas(ヒエタラハティ木工・家具工場)と同じ組織で、オーナーが替わると名前も替わった。Kovero 1955, p. 369, pp. 383-384*; Sandvikens Aktiebolag Intyg 4.10.1916. Työ todistukset. AAS; Tanner 1966, p. 81*
15. 学生名簿。TKK
16. ハミルカル・アールトの私信、2003年12月15日。

夏のピクニックでの3姉妹。右がアイノ、
真ん中がイーヴァ、左がリーサ。

アイノの大学入学時の写真、1913年。

パートを完成したのが1918年12月11日で、1921年5月26日に建築の学位を得た[17]。

教育課程には実習期間も含まれていて、1914年の夏には、アイノはヘルシンキ・ルーテル教会堂のビルの現場で、煉瓦職人の助手として働いた。2年後には先に触れた、ヒエタラハティ木工・家具工場で木工と建具作りの実習を行った。1917年には同じような会社のヘルシンキ木工・家具工場で実習をし、ウィルマンの現場でも煉瓦職人として働いた。1919年には、まだ学生であったが、ランドスケープと庭園デザインを手掛ける建築家ベント・シャリンの事務所で働き始めた[18]。

1917～1918年の内戦の期間、工科大学では市民の自衛組織に属していた男子学生はマシンガン・カンパニーと呼ばれる組織を立ち上げ、同じような政治的信念を持った女子学生はひそかに組織されたコースに参加した。それらは「サマリア人コース」と呼ばれる応急手当を教えるコースと、料理を学ぶ「スープ・コース」があった[19]。アイノはこのときはまだヘルシンキにいたが、これらのコースにも、1918年春のフィンランド内戦にも参加しなかった[20]。

1919 年に建築学科の女子学生たちは、のちに1942年にアーキテクタに発展する、ツムストッケン協会を設立した[21]。ツムストッケンはミーティングの場所や事務局を持たず、メンバーの家で会合を行い、事務仕事は持ち回りで行った。アイノもメンバーのひとりで、彼女が保管していた議事録が残されている[22]。エルシ・ボルグは、1921年のツムストッケン・クリスマスパーティーのときの議事録とミーティングのドローイングを保存していた。ボルグのドローイングでは、テーブルの周りに8人の参加者が座り、横にそれぞれを描写する短い詩が添えられている。アイノのところには「内気で控え目な」[23]と書かれている。ここで使われているフィンランド語、kainoには、内気、控え目、謙遜の他に、チャーミングなという意味もある[24]。アイノは確かにチャーミングだった。アイノの娘、ヨハンナ・アラネンは、母はゆっくり控えめに言葉を選んで喋ったが、引っ込み思案でもあったと言う。彼女は、時には社交

17. 学生名簿。TKK
18. ヘルシンキ教会堂ビルのプロジェクトに関する雇用記録、1915年4月17日；サンドヴィケンズ株式会社SandVikens Aktiebolagの記録、1916年10月4日；Helsingin Puuseppä tehdas-osakeyhtiö（ヘルシンキ木工・家具工場)の記録、1917年12月22日。ウィルマン建設会社の記録、1919年11月14日。AASの雇用記録；Suominen-Kokkonen 1992, p. 103*
19. Setälä 1970, pp. 162-163*
20. ハミルカル・アールトの私信、2003年12月15日。
21. Suominen-Kokkonen 1992, p. 104*
22. Setälä 1970, 118; Recola 1997, pp. 32-33*
23. Suominen-Kokkonen 1992, 画像 p. 145*
24. Nyksuomen sanakirja J-K 1963, p. 144*

的すぎるアルヴァとは違い外向的ではなかった[25]。アイノの学生時代についてあまり言及されないのは、明らかにこうした性格が理由である。彼女は寡黙な人柄で、自分を取るに足らない者のようにみなしていた。アルヴァは対照的にいつも何か喋っていて騒々しかったとサルメ・セタラは言う。彼の溢れる熱情に人びとが時には笑ってしまうほど、アルヴァはいきいきと話した[26]。若き建築家としてアルヴァは、Pro Humanitate という文学とアートのクラブの白熱した論議に加わった。それは、ヘルシンキのアーティストたちの溜まり場だったブロンダ・カフェの常連たちによって1920年に創立されたクラブだった。アルコールを出さないブロンダ・カフェが夜早く閉店した後集まりは行われ、それは主に酒を飲む会になった。クラブは Hummis（フィンランド語でどんちゃん騒ぎのことを意味する）とも呼ばれ、1919年から飲酒は公式には禁止されていたにもかかわらず、 人びとは大っぴらに飲んでいた[27]。

1921年、アイノは学生仲間のふたり、アイリ=サッリ・アハデとおそらくエッリ・ルースと外国旅行をした。若い女性建築家たちはまず、ベルリン、ドレスデンを、その後オーストリアのザルツブルグとウィーンを訪ね、最終的な目的地イタリアに辿り着いた。イタリアではヴェネチア、ラヴェンナ、シエナ、フィレンツェ、ローマ、ナポリ、そしてカプリにも少し立ち寄った[28]。

アイノの仕事と家族

1920年1月20日に大学を卒業するとアイノは建築家としてのキャリアをスタートさせ、最初にオイヴァ・カッリオ建築家事務所で働き始めた[29]。1923年にはユヴァスキュラに移り、グンナール・A・ワハルロース建築事務所でドラフト・パーソンとして働いた。そのころウィル・シャウマン合板製造会社はワハルロース建築事務所の仕事をしていた[30]。この当時の、まだアールト事務所で働く前のアイノについての逸話がある。彼女がアラヤルヴィを旅行しているとき、ある老人が彼女にユヴァスキュラにアルヴァ・アールトという男がいるかと尋ねた。「ええ、そんな名前のやくざ者がユヴァスキュラにはいますよ」と彼女は答え、それに対して老人は「奴はわしの息子だ」と言った[31]。それはさておき、アイノは1924年の冬にアルヴァの事務所で働き始めた。ワンルームの事務所には、「アルヴァ・アールト建築およびモニュメンタル・アート事務所」という大仰な名前がつけられていてた[32]。

25. Lahti 1997, p. 22*
26. Setälä 1970, p. 120*
27. Nenonen 1981, pp. 12-16*
28. アイノの1921年のイタリア旅行のフォトアルバム。プライベート・アーカイブズ、アイノのスケッチブック、プライベート・アーカイブズ。
29. Helenius 1982, p. 54*
30. Herler 1984, p. 57, 注43参照。*
31. ハミルカル・アールトの私信、2003年12月15日。
32. Suominen-Kokkonen 1992, p. 103*; Schildt 1982, p. 126*

左頁：ヘルシンキ工科大学の製図室で
メーデーを祝う学生たち。

約6か月働いたのち、1924年10月6日、アイノ・マルシオとアルヴァ・アールトは結婚した[33]。アイノは直ちにアールト・ファミリーに受け入れられた。もっと正確に言うと、結婚前から受け入れられていた。9月にフローラ・アールトは息子アルヴァに書き送っている。「アイノを知れば知るほど、好きになるわ。彼女のいいところをたくさん言えるけど、言わないほうがいいわね。あなたは私をからかうし、アイノはお世辞だと思うでしょうから[34]」。1925年1月の手紙にもっとはっきり書かれている。「ふたりが健康でいられることを。またアルヴァはアイノとあまり喧嘩しないように[35]」。アルヴァも、マルシオ・ファミリーに歓迎され、好かれた。ハミルカル・アールトによれば、アルヴァは親戚に対して積極的に関わり、家族意識が強く、家族の中心にいて、親戚たちと時を過ごすのを好んだ[36]。アールト夫妻はヨハンナとハミルカルというふたりの子供に恵まれた[37]。子供たちもまた家族の一員として歓迎された。最初に生まれたヨハンナは特に歓迎され、「もしアラヤルヴィに家族で来られないなら、夫婦で初めての孫娘に会いに行きますよ」と、フローラはアルヴァに書き送っている[38]。そして小さな孫娘に、最初に歯が生えたときは、ほとんど有頂天になった。「いちばん小さい女の子にもう歯が生えたなんて本当に素晴らしいことだわ。アルヴァはモッシ（ヨハンナ）を自慢していい。いとこの誰も（エルッキはもちろん別だけど）まだ生えてないのだから。本当におめでとう[39]」。

アイノとアルヴァは最大限一緒に働き、また彼らの仕事の仕方は完全に平等であり、対等であった。作品にはふたりがサインをし、ジークフリート・ギーディオンによれば、1949年までのアールト展は全て、アイノの名前を先に記した「アイノ・アールトとアルヴァ・アールト」の名義で行われた[40]。フィンランドでは既婚女性が知的職業（プロフェッション）に携わることが許されたのは1919年で、夫婦間の平等を公式に認める結婚法が通ったのが1929年だったことを考えると、こうした夫婦間の対等な関係は、特筆すべきことである。もちろんアイノとアルヴァはそれぞれ別の建物を担当し、プロジェクトを手掛け、建築コンペにはそれぞれ自分の名前で参加することもあった。例えば1939年のニューヨーク万国博覧会フィンランド館のコンペのように。事務所でのアイノのドラフト・パーソンとしての作業はだんだん少なくなった。日常の仕事は他の人に任せ、コンペ関連で必要とあればアイノが図面を描くこともあったが、次第にインテリア・デザインに重点をおくようになった。アルテックが設立されてからはますますそうなった。

33. Schldt 1982, p. 131* アイノは名字にアールトとマルシオ=アールトを使っている。
34. フローラ・アールトからアルヴァ・アールトへの手紙、1924年9月16日。AAS
35. フローラ・アールトからアルヴァ・アールトへの手紙、1925年1月12日。AAS
36. Lahti 1997, pp. 26-27*
37. ヨハンナ・フローラ・マリア・アンヌジアータは1925年8月1日に生まれた。家族内ではモッシ、ハンナ=マイヤ、そしてハンニとも呼ばれた。ヨハン・ヘンリク・ハミルカル・アルヴァは1928年1月7日に生まれた。彼もまた、ヴェッヴェ、ヴェイッコ、そしてヘイッキと呼ばれた。子どもたちはまとめて、「可愛い子どもたち」を意味する、レッスカット、レッストと呼ばれた。
38. フローラ・アールトからアルヴァへの手紙、1925年9月6日。AAS
39. フローラ・アールトからアルヴァへの手紙、1926年1月14日。AAS
40. Giedion 1974, p. 667*

子供たちの世話をする時間も増え、それは仕事にも影響した。例えば1934年夏に、「ヴィープリの図書館」の施工の関係で事務所がテリヨキに移ったときも、アイノはしばしば仕事を離れ、子供たちとテリヨキの海岸で過ごすことがあった[41]。

家で

アイノとアルヴァはモンテッソーリ教育法をよく知っており、興味ももっていたが、ハミルカル・アールトによると、彼らはどんな特別な教育法にも従うつもりはなかったし、子供は干渉しすぎず自発的に育てようと考えていたという[42]。アイノへの手紙の中で、ヴィオラ・マルケリウスはインターナショナルな姿勢を身につける教育が大事だと言っている。「私たちの息子たちは一緒に過ごし、お互いを知り、インターナショナルにならなければいけない[43]」。アイノは教育熱心で、繊細かつ賢明だった。彼女と親しく付き合うようになると、彼女が物事を正しく把握し、理解する人だということがすぐにわかった[44]。彼女は積極的に子供たちの宿題の手助けをし、特に一家がアメリカにいたときは、子供たちにしっかりとドイツ語を勉強させた[45]。ハミルカル・アールトは、父親のアルヴァについて、教育熱心ではなく、また子供を叱ったりもしなかったと言う。しかしある時、次のように息子に教えた。「何をしてもいいが、建築家だけにはなるな。そう考えることすらするな。神に誓って、絶対に！」 両親がよく旅行をしたので、アールト一家にはアンニという乳母がおり、25年間アールト家のために働いた。ヨハンナ・アラネンはアンニのことを、なくした算数の本やスカーフを見つけてくれる、一種の母親代わりのようだったと言う。アイノは料理をせず、アンニが支度をし、ミートボール、野菜サラダ、そしてもちろんアルヴァの好きなフライドポークグレイヴィといった、フィンランドの家庭料理をつくった[46]。子供が小さかった間は、アルヴァは子供たちとよく遊び、お話をつくりそれを絵に描いた[47]。

41. Cedercreutz 1984, pp. 21-22*
42. モンテッソーリ教育法は子供の独立心に重点を置いた。教師は子供たちの一歩外側に留まり、間接的に影響を与えることが重要である。Lahti 1997, pp. 17-29*; Suominen-Kokkonen 1992, p. 82*
43. ヴィオラ・マルケリウスからアイノへの手紙、1929年9月2日。AAS
44. ヨハンナ・アラネンの私信、2003年12月15日。
45. Lahti 1997, pp. 28-29*
46. ヨハンナ・アラネンへのインタビュー、1999年3月15日。アンナ・ホール。AAS
47. Lahti 1997, pp. 17-29*

下：アイノによる、1921年、イタリア旅行のときのヴェネチアのパステル画。

右頁：エルシ・ボルグによる、ツムストッケン協会の1921年のクリスマスパーティーのドローイング。左から3人目がアイノ。

42

Alkaa vapaa ohjelma, hauskaa Pikku Joulua!

Mamma Heikin ja Ilonan
olkaa minkään kolmannen!

Marsion Leino
neitonen kaino

Tässä istuu Aili Salli
Sanoma lehtipiirtäjien
malli.

Hos somliga finns
så förtjänsterna
väg
som här: arkitekt
illustratör, gra
dagob.

[illegible]

Sätt dig Elin mot
der för oss alla
Låt ditt stilla
Leende oss valla.

Tjänstekvinnan vid krigs
ministerium ock
dessutom uppnäst och
fräck lumstock.

Kicke, du som ordet leder
sätt dig här, jag dig nu beder
blicka blått på T=stocks skaran
som ej brukar tungan spara.

Ex officio +

48. ヨハンナ・アラネンへのインタビュー、1999年3月15日。アンナ・ホール。AAS
49. フローラ・アールトからアルヴァへの手紙、1930年12月13日。AAS
50. Lahti 1997, pp. 18-19*; Helenius 1982, p. 56*; ヨハンナ・アラネンへのインタビュー、1999年3月15日。アンナ・ホール。AAS
51. Schildt 1985, p. 40, pp. 49-52*

時が経つに従って夫婦の立場が逆転し、アイノのほうが思春期の子供たちのことを理解するようになり、アルヴァは子供たちから少し距離を置くようになっていった[48]。

ふたりは子供たちに、信仰について強要するということはなかった。ハミルカル・アールトによれば、アルヴァは信心深い人ではなかったが、無信仰というわけでもなかった。信仰を大事にする人を理解はしたが、子供たちのしつけには用いなかった。そのことがフローラ・アールトにとってはちょっとした心配事であった。「アルヴァが、モッシを教会に連れて行かないのが、とても気になります。教会に行くことが正しいとまでは言わないけど、かえって子供のためにならないのではないかしら。クリスマス前にモッシを、時にはトゥルクの素晴らしい、美しいカテドラルの夕べのお祈りに連れて行きなさい[49]。何かわくわくするようなことがないと、人生はつまらないものになってしまいますよ」。

家ではいつもピアノの音がしていた。アイノはほとんど毎晩ピアノを弾き、メゾソプラノで歌ったので、心地よい空気に包まれた。彼女は、シベリウス、シューベルト、ベートーヴェン、ショパン、そしてモーツァルトといった作曲家を好み、音楽と歌で喜びを表現し、悲しみを解き放った。

アルヴァは特に仕事がうまく進んでいるときには、調子良くハミングをした。ヨハンナは子供のころずっとアイノにピアノレッスンをしてもらっていたので、事務所のスタッフにとっては迷惑だった。アイノは甥や姪たちにもピアノのレッスンをしてあげていた[50]。

ドレス

ヴィオラ・マルケリウスは、アルヴァに初めて会ったとき、帽子は大きすぎて耳を覆い、助産婦が持つようなバッグを手にしていて、小さな田舎の青年のように見えたと回想している。また、トゥルクでのアールト事務所のアシスタントをしていたエルリング・ビェルトナスは、アルヴァのズボンはアイロンが掛かっておらず、膝がダブダブだったと言う。けれども、マルケリウス夫妻から影響を受け、アルヴァの服装は洗練されてきた。ヨーラン・シルツによると、アイノもこのころからファッションに気をつけるようになったという[51]。アルヴァと違っていたのは、アイノのほうはいつも、1921年のヨーロッパ旅行の写真でもわかる

1934年夏、カレリア地峡のテリヨキでのアールトー家。この時はアルヴァも一緒に海岸にいた。

28-29頁：1930年代初め、アールトー家は皆イマトラ急流が好きだった。

ように、どうしたらファッショナブルにできるか知っていたことである。さらにアイノの母は1920年代初めに、着こなし方の本をアイノに与えていた[52]。シルツの言葉を引用すれば、アイノはマルケリウス夫妻に会ってから、「プロフェッショナルな女性にふさわしいエレガンス[53]」に興味を抱いた。アイノは控えめな服を、スタイリッシュかつエレガントに着た。そのころ市河彦太郎とともにアールト家を訪ねた市河かよ子は、アイノのドレスはシンプルだったが、その着こなしが新鮮だったと回想している[54]。アイノは自分の服と娘の服をヘルシンキの、特にラ・ローブ・スタジオで誂(あつら)えた。昔の学友のアイリ=サッリ・アハデが1933年から、ラ・ローブのオーナーだった[55]。アールト夫妻はもちろんレディメイドの服も買ったし、自分で作ったり、また古い服に手を加えてリサイクルすることもあった。娘のヨハンナ・アラネンの回想によると、アイノは良い素材の美しい服を着ていたが、アクセサリーはあまり身に着けなかったらしい[56]。

しかしアイノは必要なときには自らを印象深く見せる着こなし方を心得ていた。1939年1月11日、ヘルシンキのクンストハレで行われたフランスのアート展のオープニングで[57]、マイレ・グリクセンは黒のロング・ガウンを着て、カルダー

52. ヨハンナ・アラネンへのインタビュー、1999年3月15日。アンナ・ホール。AAS
53. Schildt 1985, p. 53*
54. 市河彦太郎は最初のフィンランド公使。Schildt 1985, pp. 107-109*
55. Helenius 1985, p. 52*
56. ヨハンナ・アラネンへのインタビュー、1999年3月15日。アンナ・ホール。AAS
57. Suhonen 1985, p. 88*

ショパンのワルツ、ホ短調を練習するヨハンナ。

右頁：トゥルクの自宅でのアイノとヨハンナ。

のアクセサリーを肩に着けていた。アイノもやはりオープニングには黒の服を着ていたが、袖の長いヴェルヴェットのガウンの下に、赤い絹のストラップの付いたサンダルが見え隠れするように履いていた。マイレ同様に彼女もカルダーのアクセサリーを持っていた[58]。同じ年、マイレ・グリクセンはニューヨーク近代美術館（MoMA）の新しいビルのオープニングにカルダーを身に着けて出席した。都会ではモダンアートを真に愛する人たちもいたし、カルダーのアクセサリーを身に着けた人たちも確かにいた。この時にアイノがどういう服を着ていたのかはわからないが、ヘルシンキのクンストハレのオープニング時の彼女の装いを見ると、このアクセサリーを着けていると人にどのような印象を与えるかわかっていたと考えられる。MoMAのオープニングの後、ニューヨーク万国博覧会フィンランド館のオープニングが続き、これらのイベントの間にアールト夫妻は、若きロックフェラーが所有していたヨットクラブを訪れた。ロックフェラーがアールト夫妻のために昼食会を催してくれたのである。MoMAもヨットクラブもアールト家具を所有していた[59]。アールト夫妻は何度もアメリカを訪れ、影響力のある友人がたくさんいて人気もあったが、アメリカの生活習慣にはずっと馴染めずにいた。1946年後半、アイノはこの国を「アメリカ人はまったく変わらない。どこも熱気・騒音・人混みに満ちている」と短い言葉で表現している。チョコレートにまで「ホルマリンのような味がする」とケチをつけている[60]。

58. Woirhaye 2002, pp. 75-76*
59. Schildt 1985, p. 174*; Woirhaye 2002, pp. 80-81*
60. アイノからエヴァ・ベネディックスへの手紙、1946年9月7日。AAS

スタイリッシュなアイノ、1928年ヨーロッパのどこかで。

戦時中

1939〜1940年のソヴィエト・フィンランド冬戦争（1939年の第一次ソヴィエト・フィンランド戦争、その結果フィンランドは東部カレリア地方を失った）のときは、アルヴァは国家情報センターの宣伝将校のポストに指名され、そこでオフィスAという半分私的な組織をつくった。オフィスAはヘルシンキの中心部ファビニンカッツ通りのアルテックを事務所にし、アールト少尉が留守のときはマイレ・グリクセンがそのオフィスを管理した[61]。アルヴァは「リーヒティのアールト邸」に住んでいて、自宅とメイラハティの近くの岩盤に掘られた政府の対爆撃シェルターの両方で、オフィスAのビジネスを行った。アイノと子供たちは安全のためにポリの近くのボガスカル島に避難していた。1940年初め、アルヴァはフィンランド救援を呼びかける講演をするためにアメリカに送られた。戦闘が続いていたので、家族は1940年3月4日に家を離れ（戦闘終結は3月13日）、1940年11月11日ペツァモ州域経由でフィンランドの自宅に戻った[62]。

いわゆる継続戦争（1941〜1944年。第二次ソヴィエト・フィンランド戦争）の前の停戦期間にアイノはアルテックの責任者になり、1941年6月26日の戦争再開後、材料不足が悪化したにもかかわらず、トップに立ち精いっぱい会社を引っ張った。アルヴァはオフィスAを続け、復興に関連した宣伝活動に従事し、頻繁に海外へ出かけた[63]。戦争が長引いていたため、アルヴァはアイノと子供たちを中立国スウェーデンに疎開させることを考え始め、大臣のK・A・ファゲルホルムに相談した。大臣の「子供たちを国外に疎開させるのは正しく賢明な考えだと思う」という言葉を受けてアルヴァは、アイノへの手紙の中で、子供たちと一緒に昼間を避けて、バスでセイナヨキとトルニオに行くように言っている。オフィスAではスウェーデンから

61. アルヴァは1941年11月10日大尉に昇格した。アルヴァ・アールトの個人ファイルカード、ヘルシンキ陸軍地区司令部。SA; Schildt 1989, p. 24*; Toimisto A（オフィスA), 日付の記載のない覚書。AAS
62. Schildt 1989, pp. 18-24*；アイノからアールト事務所への電報、1940年11月11日。AAS
63. アルヴァ・アールトの個人ファイルカード、ヘルシンキ陸軍地区司令部。SA; Schildt 1989, pp. 63-71*

ノルウェーまでフィンランド救援を呼びかける活動を続けていたが[64]、結局支援は得られなかった。一方、アイノはアルテックの仕事と家族のことに集中した。

戦時中とその後何年もの間、食料不足と物不足が続き、配給が余儀なくされた。そのための救援事業にさまざまなボランティア組織がつくられ、このうちのひとつ、Vapaan Huollon keskustoimikunta（救援支援組合）は、のちにSuomen Huolto Oy（フィンランド支援サービス株式会社）として知られるようになった。アイノはそこにボランティアとして参加し、1946年にはペツァモ州域から感謝の手紙を受け取っている。フィンランド支援サービス株式会社からは困っている子供たちに、救援物資の冬服、靴、マーマレード、ソーセージが送られた。アイノはクリスマスプレゼントを知人のアルバ・クイッティネンのために、サプライ

64. アルヴァからアイノへの手紙、日付の記載なし。AAS

白のイヴニング・ガウンのアイノ。印象的なカルダーのネックレスを着けている。

雑誌『アルキテヘティ』は1928年のフィンランド建築家協会年次集会をレポートした。レポートにはヒルディング・エケルンドによると思われるフォト・コラージュが付けられていた。

ズとして一緒に包んであげ、そのお礼にクイッティネンから手紙が送られてきた[65]。

こうした時期には、個人個人が助け合えることはないかと誰もが考え、お互いに助け、助けられる関係にあった。1940年夏、アールト夫妻がアメリカにいたとき、ケルットゥ・ウィクルンドは「ストッキングを1ダース。ケルットゥ」と電報で、短く助けを求めた[66]。アルヴァが1942年、ニューヨークに滞在していたときには、アイノからの電報を受け取った。アイノは雑誌を何冊かとミルク、ラード、砂糖、小麦を頼んだ[67]。さらに1947年4月には次の品目を要求している。「10と、10.5のサイズのナイロン・ストッキング、それと網目のものも。タバコ、コーヒー、砂糖、ヘイッキ（ハミルカル）用にいろいろな食品のメイラード反応（糖とアミノ酸の加熱によって褐色の色素が生成する反応。発癌リスクの疑いが食品安全上、問題視された）についての本[68]」。

1946年9月にアイノは送り主不明の小包を受け取った。投函した場所と内容物からアイノはストックホルムの知人エヴァ・ベネディックスからだと確信し、砂糖、チョコレート、グレープフルーツ（ハミルカルの好きな果物）のお礼を書き送った。その手紙に次の一節を入れたところがいかにもアイノらしい。「私の心の声が、この小包の贈り物を他の人にも分けてあげなさいと言っています[69]」。

交友

アイノの豊かな交友関係については、ヨーラン・シルツが著書の中で書いているので、あえてその名前を繰り返すことはしない。しかしスウェーデンの友人たち、特にスヴェン・マルケリウスとヴィオラ・マルケリウスはとても重要なので、彼らとの関係をここで書こうと思う。1920年代後半からおよそ1930年代の半ばまでは、アールト夫妻にとっては「革命的な」時代だった。ちょうど1929年のウォール街の株価大暴落の後に世界大恐慌が起こり、それが1930年代半ばまで続いていた。フィンランドでは、強制的に施行された禁酒法が1932年春まで続いた。こうした時期を経てアールト夫妻のラディカリズムは次第に弱まっていったが、ソヴィエト連邦に対しては批判的で、これは機能主義の禁止、モスクワ裁判（スターリンがモスクワで行った反革命分子に対する「公開裁判」）、そして特に1933年にモスクワで計画されていたCIAMが中止されたこと、さらになによりも冬戦争が原因である[70]。

65. アルバ・クイッティネンからアイノへの手紙、1940年12月29日。AAS
66. ケルットゥ・ウィクルンドからアイノへの電報、1940年7月3日。AAS
67. アイノからアルヴァへの電報、1946年2月20日。AAS
68. アイノからアルヴァへの電報、1947年4月8日。AAS
69. アイノからエヴァ・ベネディックスへの手紙、1946年9月7日。AAS
70. Schildt 1985, p. 88*；Mikkola 1985, p. 28*

上:戦後の復興計画を検討するアルヴァとアイノ。

右：アイノが撮った、アルヴァと彼らの友人、ヴィオラ・マルケリウスとスヴェン・マルケリウス。

71. Schildt 1985, pp. 46-49, pp. 59-60*; Mikkola 1985, p. 51*

72. スヴェン・マルケリウスからアルヴァへの手紙、1932年8月25日と同年10月5日。AAS; Schildt 1985, p. 49, p. 87*; Mikkola 1985, p. 49*

73. ヴィオラ・マルケリウスからアイノへの手紙、1931年10月24日。AAS

74. スヴェン・マルケリウスからアルヴァへの絵葉書、1932年7月19日。AAS

75. ヨハンナ・アラネンへのインタビュー、1999年3月15日。アンナ・ホール。AAS

76. ヴィオラ・マルケリウスからアイノへの手紙、1929年9月2日。AAS

アルヴァがスヴェン・マルケリウスに初めて会ったのは1926年で、1927年からは「同族意識」から来る親密な交友関係が10年ほど続いた。アールト夫妻はマルケリウス夫妻を通じて、ストックホルムの急進的なサークルに加わり、すぐに受け入れられた。アールト夫妻をCIAMのメンバーに推薦したのも、スヴェンであった。マルケリウス夫妻は第一次と第二次世界大戦の間にヨーロッパで起こったクラルテ運動（フランスの作家アンリ・バルビュスが第一次世界大戦の従軍経験から立ち上げた国際的な平和・反戦運動）にもアールト夫妻を引き入れた。クラルテ運動は反戦論者（シルツによれば、この時代の風潮の中では、社会主義者あるいは共産主義者を意味した）に影響を及ぼし、作家や芸術家が引き込まれた[71]。この運動は1920年代前半に北欧の国々に広がり、1930年のストックホルム展覧会を運営する人たちのほとんどが、メンバーになっていた。グループによるラディカルなカルチャー雑誌『スペクトラム *Spektrum*』で活動していたヴィオラ・マルケリウスは、アルヴァに寄稿するように説得した。アルヴァはその他、やはりラディカルなデンマークの雑誌で、ポール・ヘニングセンが編集していた『クリティスク・レヴィー *Kritisk Revy*』とフィンランド・アカデミック社会主義者協会による雑誌『ソイヒトゥ *Soihtu*』にも寄稿していた[72]。

ヴィオラは、確立されたテクニックによるエクササイズやアーティスティックなダンス、優美な動きを、教本とレコードを使って通信教育を行うキネタ協会でも活動していた[73]。もしかするとこれを手本にアルヴァは元気で軽快な、朝のエクササイズをしていたのだろうか？ アルヴァへの手紙の中で、スヴェンは軽い冗談でアルヴァのことを「ノル（馬鹿でならず者の意）」、アイノを「キネタ=スリム・ワイフ（キネタでスリムになった奥さん）」と呼んだ[74]が、ヨハンナ・アラネンによれば、アイノは「少し太り気味で、常に痩せようと努力していたが決してうまくいかなかったし、ファッションモデルタイプとは程遠い[75]」体型だった。アールト夫妻とマルケリウス夫妻は、お互いに素晴らしく気が合い、友情に溢れ、ユーモアに満ちた付き合い方をしていた。こんな例がある。「どうしたら人をそんな風に元気づけることができるのでしょう！ こちらはいつも元気づけられるばかりだわ！ スヴェンが深く落ち込んで元気がないとき、私たちができることといえば、あなたたちふたりと話すことくらいだわ！！ アールト夫妻が来てくれさえすれば！！！ だってあなたたちは一言で言えばとても元気いっぱいで単刀直入、そして……。定期的にあなたたちに会う必要があるわ！！ できれば週１回！！！

上：アイノ・アールトの撮ったベルガモ街路の光景、1947年。

下：アイノが撮ったミラノ、ドゥオーモの前に立つアルヴァ、1947年。戦後最初のミラノ・トリエンナーレの広告の看板が左の方に見える。

……小さな自家用の飛行機でもあればランチを食べに飛んで行けるのに[76]」。

1979年ヨーラン・シルツはヴィオラ（当時、彼女の名字はワハルステット=グイルモントだった）にインタビューした。ヴィオラは次のように言った。「もちろん会えばダンスをしたわ、そのころはジャズ・エイジだったし。何時間も座って尽きるまで無駄話をしたわね。何を話したかって？哲学、建築、コレクティヴ・ハウジング、男女の役割について、多分あらゆることよ。仲間には他に誰がいたかって？ そうね、アーレンにカールスンド、そしてゴッタルド（ヨハンソン）がいた。グレゴル（パウルッソン）は内々のサークルのメンバーじゃなく、私たちの落ち着いた集まりや議論には参加したけど、お酒を飲むときにはいなかったわ。アスプルンドも同じような感じだった。彼はスヴェンとアルヴァ両方の友だちだったけれど、その時のアスプルンドの妻はとても信心深い聖職者タイプで、髪を束ねて結い上げていて、付き合うのはちょっと息苦しい人だったの。でもアスプルンドがワハルマンの前妻イングリッドと再婚して、気軽に会うようになったわ。イングリッドは付き合いやすかった。アイノ？ そう、私は彼女を尊敬していて、私たちはとてもうまくいっていたわね。彼女はスウェーデン語をかなり話し、それよりは少し落ちるけど、ドイツ語も話した。体格は重いほうだった、大柄だったと言ったほうがいいかも。髪の黒いロシア人タイプだった。アルヴァよりも社会的なことに関心があった……なんと言ったらいいかしら……彼よりも彼女のほうが才能の幅が広かった。アルヴァはいつでも輝い

アルヴァが撮った、スイスのホテルのバルコニーに座るアイノの優雅な写真、1947年。

TÄHTI
PORI

ていて花火のようだったけど、あのころ彼は飲酒の問題を抱えていたのではないかしら？ いいえ、私たちもアイノも皆お酒を飲んだわ。でもそんなことは問題じゃなくて、いつもみんな楽しく過ごした。私たちはモダンで開放された女性だったから、時には夫を交換したかも知れない。あえて言うとアルヴァは素晴らしい愛人だった、なんて！……彼はとても女性好きな男で、いつでも誰とでも親密になった。彼の浮気はいつもユーモラスで、無邪気だったので、誰も本気で彼を怒らなかったわ[77]」。

クリスチャン・グリクセンによれば、アルヴァは浮気性だったが、アイノはいつも冷静に対処していた[78]。しかしシルツは、アイノの我慢が限界近くまで達したことが何度もあったと記している[79]。そのひとつで有名なのが、1930年のストックホルム博覧会の後、帰りの車でのことだ。アールト夫妻とアイリ=サッリ・アハデ、ヒルディング・エケルンドが一緒だった。アルヴァとアハデがいちゃつくので、アイノが怒り、アハデは車を降りなければならなかった。しかしアイノの怒りは長くは続かなかった。夏が終わるころには全ては水に流され、アハデから旅の写真が送られ旅行費用も返ってきた(アールト夫妻が立て替えていたからだ)[80]。

結び

1930年代初め、アイノの胸に悪性の腫瘍が見つかり[81]、それが悪化して1931年秋には手術をすることになった[82]。アイノは手術についてあまり人に知らせなかったが、娘のヨハンナから聞いたアイノの兄弟姉妹がとても心配して会いに来た[83]ことに動揺し、同じ年の冬、アイノは不眠症になってしまった。妹のヘルミは1931年3月の手紙で、不眠症についていろいろなアドバイスや雑誌の切り抜きを送ってきた[84]。不眠症は春までには民間療法の助けを借りて治癒した。ヘルミの手紙によると、「それで最近は眠れているの？ ヘルシンキへの旅の後、あなたがよく眠れるようになったのは驚きだわ。サハティ(自家製ビール)

77. Schildt 1989, p. 50*
78. Lahti 1997, p.125*
79. Schildt 1985, p. 52*
80. アイリ=サッリ・アハデからアイノへの手紙、1930年7月10日と同年9月10日。AAS；ヒルディング・エケルンドからアルヴァへの手紙、1930年8月30日。AAS
81. ヨハンナ・アラネンとハミルカル・アールトの私信、2003年12月15日。
82. エッル・マルシオからアイノへの手紙、1931年11月6日。AAS
83. エッル・マルシオからアイノへの手紙、1931年11月6日; ヘルミ・マルシオからアイノへの手紙、1931年10月2日。AAS
84. ヘルミ・マルシオからアイノへの手紙、1931年3月13日。AAS

CLOSED
SATURDAY
July-August

This store
will close
JULY 4-5-6-7

が効いたのかしら？ もし本当にそうなら夏にもっと取り寄せるわ[85]」。

戦後もアイノはアルテックのトップの仕事を続けたが、以前のように仕事を続けるのは容易ではなかった。ヨハンナ・アラネンとハミルカル・アールトによると、アイノの病状はアルテックの将来にとって心配の種だった[86]。病気は悪化し、1946年に癌だと診断され手術を受けた。しかしアイノは以前と変わらず働き続け、例えば1947年には戦後初めてのCIAMの会合に出席するため、スイスに旅行している。この時、アルテックのスイスの代理店ウォーンベダルフ・カンパニーとの取引を再開している[87]。1948年にはアイノはアルヴァとイタリアを訪れたが、彼女のエネルギーはもはや枯渇していた。その年の秋には、ほとんど働くことができなくなり、もはやアルテックを運営する体力がないことをついに彼女自身も受け入れざるを得なかった[88]。その後アイノの病状は急激に悪化し、アルヴァはアメリカから帰国しなければならなくなった。そして1949年1月13日、アイノ・アールトは自宅で息を引き取ったのである。

85. 残念ながら手紙には場所の記述がなく、サハティの品質について、この主張を立証する手立てがない。ヘルミ・マルシオからアイノへの手紙、1931年5月8日。AAS
86. ヨハンナ・アラネンとハミルカル・アールトの私信、2003年12月15日。
87. アルテック株式会社からアイノへの手紙、1947年5月9日；ウォーンベダルフA-Gからアイノへの電報、1947年5月14日。AAS
88. Woirhaye 2002, p. 95*

建築家アイノ・アールト

ミア・ヒペリ
アルヴァ・アールト博物館キュレーター

アイノ・アールトのキャリアと建築作品はプロフェッショナルとしての全活動期間を通して、アルヴァ・アールト建築家事務所と結び付いている。アルヴァ・アールトの事務所で働く前は[1]、短期間ヘルシンキの建築家オイヴァ・カッリオの事務所に、そして1923年には、建築家グンナール・ワハルロースの事務所で働くためユヴァスキュラに移っている。そして1924年、設立したばかりのアールト事務所[2]のアシスタントになった。その秋にはアイノとアルヴァは結婚し、彼らのプロフェッショナルとしての深い協働が始まった。

1. 建築家協会のアーカイブズのアイノ・アールトのファイル・カード。KA
2. アールトの最初の事務所名は、建築とモニュメンタルな芸術にちなんで"Arkkitehtuuri-ja monumentaalitaiteentoimisto Alvar Aalto"（アルヴァ・アールト建築およびモニュメンタル・アート事務所）というフィンランド語の名称だった。『シサ=スオミ *Sisä-Suomi*』新聞に出た広告によれば、この名称は1924年初めころには、"Arkkitehtitoimisto Alvar Aalto（アルヴァ・アールト建築家事務所）"に変わった。

46-47頁：製図台の前の建築家アイノ・マルシオ=アールト、ユヴァスキュラ、1924年ごろ。

アルヴァ・アールト建築家事務所名義の作品の中から、アイノ・アールトが果たした役割を選別するのはほとんど不可能であるし、また、その必要もない。なぜなら1920～1940年代のアールト事務所の作品はふたりの協働の成果であるからだ。しかし彼女が個人でデザインした作品も、小さな夏の家、公共建築、実現しなかったコンペの応募案などいくつかあり、またインテリア・デザイン、展覧会の会場構成、住宅やアパートメントのデザインは彼女の得意とする分野であった。学生時代から手掛けていた子供のための建築・インテリア・家具のデザインは、彼女自身の仕事として継続している。1930年代と1940年代には、こうした仕事は特に工業地帯での集合住宅や公共施設のデザインに重点を置いた、より広く社会的な方向に展開していった。モダニズムの台頭と都市化の進展、そして新しい建築技術の導入によって、建築デザインは都市住宅を規格化する方向に向かい、小さなアパートメントの設計においてさえ、機能的で高い水準に合わせてデザインすることを目標にした。この時期のキーワードは、「最小限住宅」であり、また建築設計、建築計画の基礎となる合理主義や機能主義であった。設立時からのアールト事務所の特質は、建物全体を総合的にデザインすることであった。その中でアイノが担当したのは、最終段階のインテリアとディテールである。

アールト事務所のプラン、デザイン、ドローイングのコレクションは、事務所が活動していた間にすでに1箇所にまとめられていた。現在は同じアーカイブズの中にあることで、アイノ

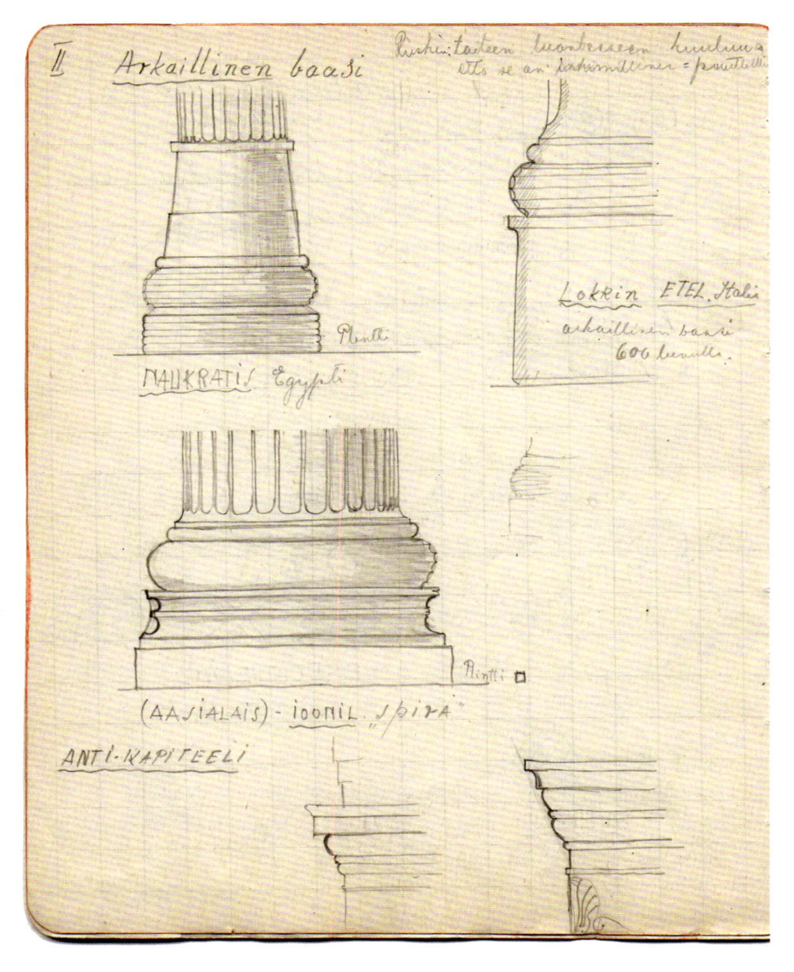

アイノ・マルシオの学生時代初期の様式修練のスケッチ。

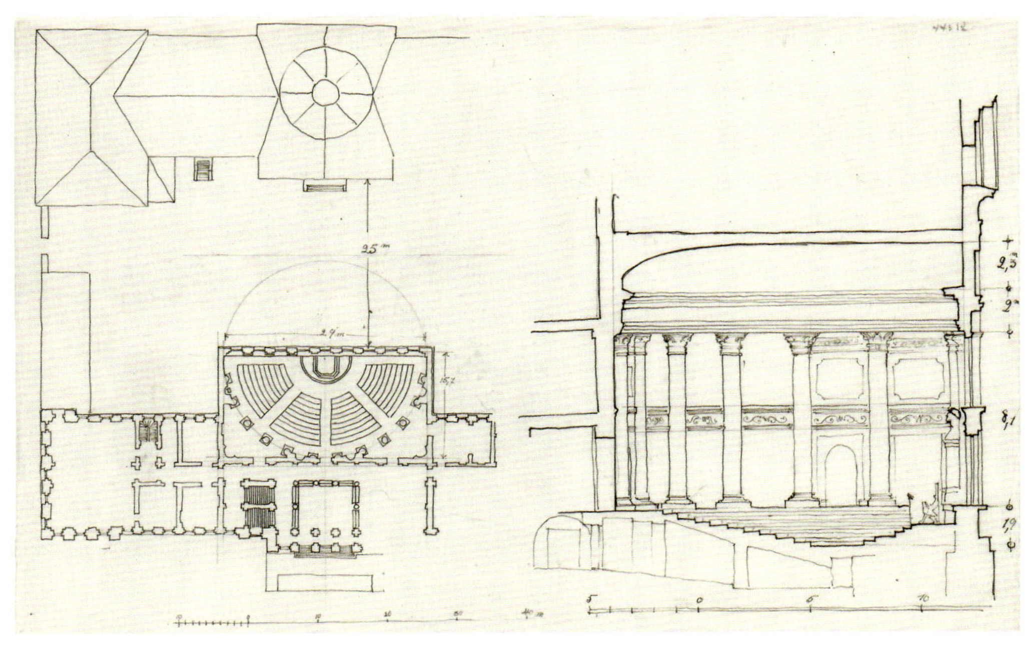

学生時代のアイノ・マルシオによる、ヘルシンキ大学のオーディトリアムの修練スケッチ。

ひとりによる初期のデザインへの貢献が、見えにくくなっている。行き過ぎた筆跡鑑定的な追求を避けるために、多くの図面にはサインがされていない。例えば、アルヴァ名義のヘルシンキ「ルオホラーデンカッツ通りのアパートメントの改修」は、実際はアイノによるデザインで、アイノが住んでいた街区の隣の敷地であった。当時、アイノは建築学科の最終学年で、一方アルヴァはまだ建築学科に入ったばかりだったのである。

アイノはおそらく、アールト事務所の相当量の図面などの管理を担当していたものと思われる。1910～1920年代の最初期のプラン、写真、往復書簡が今も残されている。アイノは実務的で几帳面な性格で、ボヘミアンのような夫が手を付けなかった事務仕事を自然な成り行きで、気を配ってこなしていたのである。

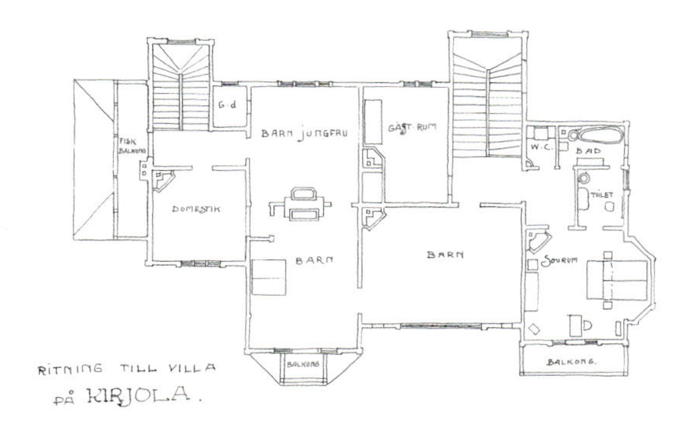

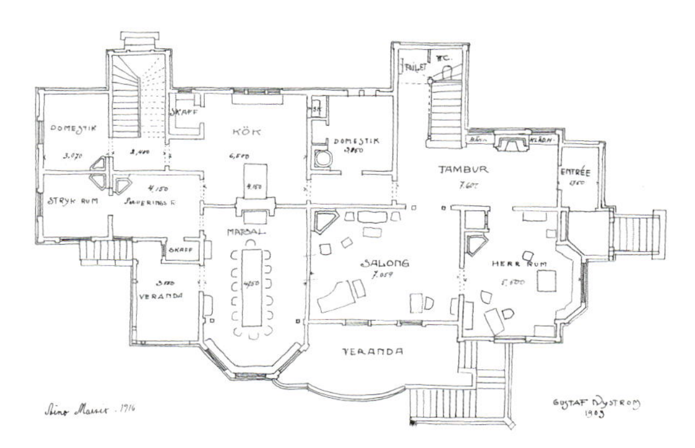

1916年、グスタフ・ニューストロム教授は、学生たちに彼の設計した「ヴィラ・キルヨラ」の図面を描かせた。

ヘルシンキ工科大学での習作

アイノ・マルシオは1913年9月4日[3]、ヘルシンキ工科大学の建築学科に入り、1915年9月13日にディプロマの最初のパートを、最終的な卒業ディプロマを1920年1月20日に完成させた。卒業ディプロマのテーマは公立幼稚園で、その評価は公式の記録によると「良」であった[4]。この作品は、1944年のヘルシンキ空襲によって失われてしまい、この時、建築学科の図書館そしてアーカイブズは、ほぼ完全に焼失している。アイノの同世代の女性建築家としては、エルサ・アロカッリオ、エルナ・キリャンダー、エヴァ・クフレフェルト＝エケルンド、サルメ・セタラ、エルシ・ボルグ＝リンドフォルス、アイリ＝サッリ・アハデ＝キャルドマン、エッリ・ルース、マルタ・ブロムステットといった人びとがいる[5]。

当時の工科大学の教育と修練は、古典主義建築の継承に重点が置かれていた。学生の履修登録記録や教員の名前などから推察するに、授業はフィンランド語とスウェーデン語の両方で行われていたようである。建築家のサルメ・セタラの著書 *Polusteekin Koulussa*（ポルステーキン学校）には、1910年代のヘルシンキの学生時代の様子が生き生きと描かれている。コースは通常の学校のスタイルと同様に、年次のコースに分かれていた。ディプロマの最初のパートは2

3. 1913年に登録した新入生は、ダムストロム、オレ・ゲルハルト・アレクサンダー；エレニウス、ラウリ・ピエタリ・ヨハンネス；エロ、ターヴェッティ・アルットゥリ；ハックマン、ウォルデマル・フレドリク；クラミ、アルヴォ；コノネン、カールロ・マシアス；マヤティエ、カトリ；マルシオ、アイノ・マリア；ムレン、アイヴォ・ヨハンネス；ニシラ、エリン・エヴァ・ソフィア；ペッテルッソン、アソス・ウンタモ；サンデリン、ヴァルフリド；シイラ、エイノ・イサク；ウェックストロム、オスカー・ヘンリク；ヴェイヨラ、カールロ・エドヴィン・イルマリ。1913年の工科大学の秋学期の登録。
4. 学生登録ファイル。TKK
5. Helenius 1982, p. 54 エルサ・アロカッリオ 1892.8.18.-1982、1919年卒業、エルナ・キリャンダー 1889.11.4.-1970.3.21、1915年卒業、エヴァ・クフレフェルト＝エケルンド 1892.11.5.-1994.8.7、1916年卒業、サルメ・セタラ 1894.1.18.-1980.10.6、1918年卒業、エルシ・ボルグ＝リンドフォルス 1893.10.3.-1958.12.30、1919年卒業、アイリ＝サッリ・アハデ＝キャルドマン 1892.1.25-1979.2.19、1920年卒業、エッリ・ルース 1893.5.9-1975.6.28、1920年卒業、マルタ・ブロムステット 1899.6.8-1982.2.16、1922年卒業。
6. Setälä 1970, pp. 75-76*

新卒業生のアイノは、アイリ＝サッリ・アハデと一緒にポフヤンマー県の教会の実測調査に参加した。1921年夏のムンサラ教会の実測ドローイング。

年次で完成し、その後3、4年次のコースがあって、最終的に、大規模な建築、複合建築、あるいは都市計画をテーマとする卒業ディプロマへと続く[6]。工科大学の記録によると、卒業ディプロマのテーマとしては、銀行、美術館、温泉施設などが人気であった。

1913～1914年の学年のカリキュラムには、履修内容の改良の跡が明確に見られる。建築Ⅰのコースには、建築家サデニエミが教える予備コースがあり、それには「陰影、彩色の技法」そして「小規模木造住宅の設計」が含まれていた。建築Ⅱでは、ウスコ・ニューストロムが「古代と中世建築史」を教えている。演

学年課題。カウニアイネンのガゼボ（見晴台）。

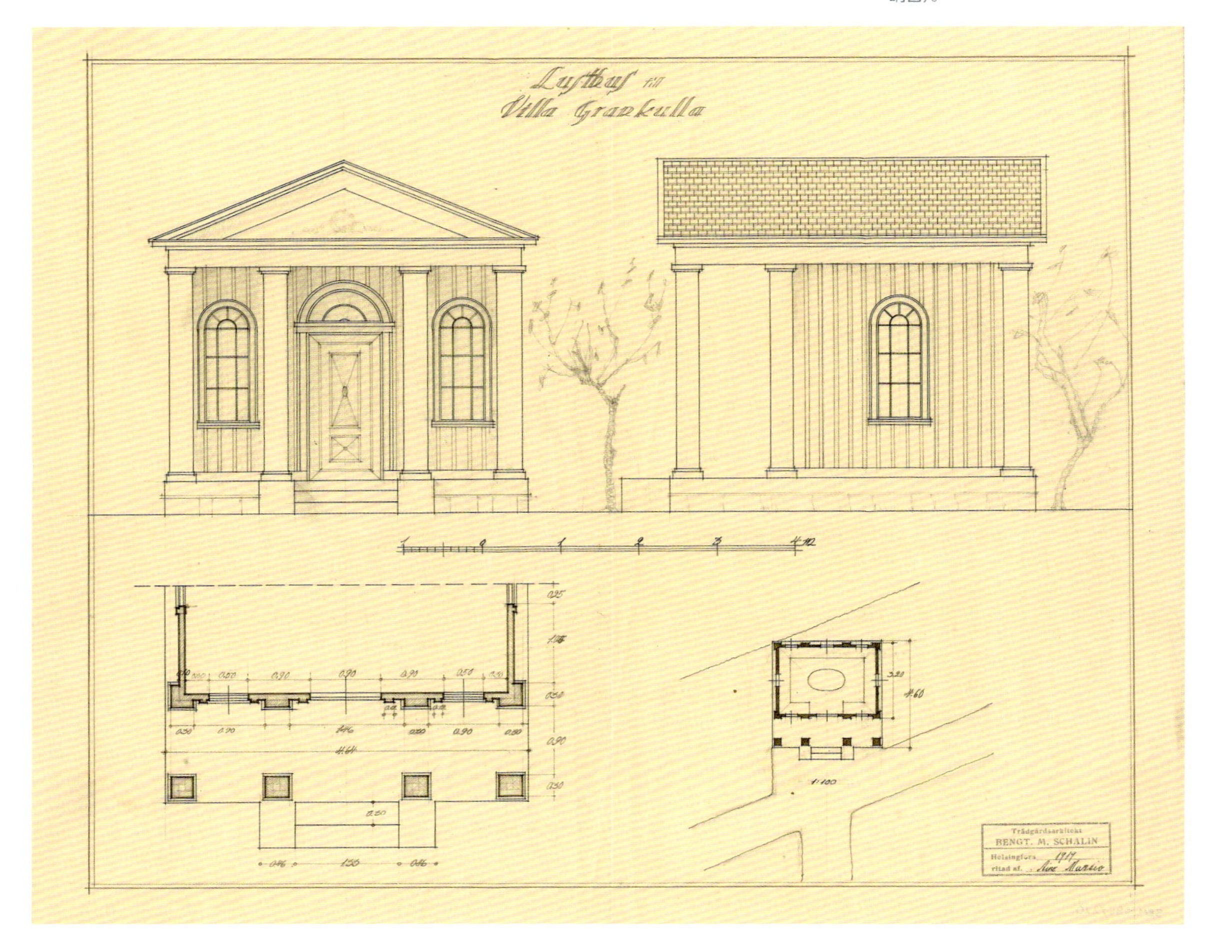

修練の一部としての教会やバナキュラーな建物の実測調査で、ポフヤンマー県に旅行中のアイノ。

習では「様式演習と図学演習」があった。建築Ⅲでは、学科長のグスタフ・ニューストロム教授が、「現代の建築」すなわちイタリア、オランダのルネサンス建築と、「スカンジナビア建築」を教えた。このコースには、「建築一般構造論」、「最近の著名建築」、「建築構成理論」そして「スケッチと計画図面」があった。都市計画は別のコースに分かれていて、「集合住宅とタウン・プランニングの手法」の講義が行われた[7]。特にヘルシンキでますます拡大する都市化の流れの中で、このテーマの講義は明らかに必要なものになっていた。

学生は最初に、化学、物理、詩学、ロシア語など、全学科共通の授業を受けた。セタラは自身の回顧録の中にこう記している。「私たちは建築様式から引っ張ってきた知識、それも初期のもののみで風船のように膨らまされていっぱいになっていた[8]」。「様式はディテールまで習熟し、常にそれに倣わなければならない。試験ではイタリアのパラッツォを、何も見ないで、それも正確な比例で描けなければならなかった[9]」。

アイノは学生時代からのノートやスケッチブックをたくさん保存していた。黒い表紙の方眼ノートや、リボンで縛ったクロス製本のスケッチブックには、鉛筆のスケッチや、美しい書き込み、またそのころの教育方式に従って注意深く描き写されたイメージがいっぱい詰まっている。1915年からのノートには、学校、銀行、コートハウス、マナーハウス、教会など、公共建築のドローイングが収められている。アイノがドローイングに秀でていたことは、家の近くの建物の繊細なドローイングや、建築作品の本からの模写を見ればわかる。それらにオリジナルで鋭いアーティスティックなアプローチが見られるというわけではないが、熟達したテクニックと繊細さが見て取れる。

夏になると学生たちは、特にポフヤンマー県（フィンランド西海岸中部）で、ヴァナキュラーな建築や教会の実測図を作成した。アイノが写真に興味をもち始めたのは、おそらくこの調査旅行からだと思われる。特にカロルス・リンドベルグは教会の調査に写真を多く使い、テクニックを生徒たちに教えた。今と同様に、実習トレーニングは1910年代にも建築教育の一部であった。1914年の夏、

7. 1913～1914年のヘルシンキ工科大学の学校案内。
8. Setälä 1970, p.77*
9. Setälä 1970, p.102*

女性建築家たちのツムストッケン協会の設立会合。

1927年にアールト一家はユヴァスキュラからトゥルクに移った。彼らは「南西フィンランド農業協同組合ビル」に住み、事務所も同じ所に構えた。アイノの娘が、製図板を前にする建築家の母親を描いた絵。

アイノは２か月間、ヘルシンキ・ルーテル教会堂の現場を経験した。1916年には2か月半、木工・家具工場で働き、1917年に木工と煉瓦積みを経験している[10]。また、実現しなかった学生時代の作品ガゼボ(見晴台)は、1919年にランドスケープ・デザインのベント・M・シャリン事務所で働いているころのものである[11]。

1921年夏、アイノとアイリ＝サッリ・アハデのふたりはその時はもう卒業していたのだが、リンドベルグ教授の指導の下にムンサラ教会の実測調査を行った[12]。ふたりは熟達したドラフトパーソンとして知られ、また彼女たちのほうにも旅行費用を稼ぐという利点があった。同じ夏、アイノとアハデはもうひとりの友達と、それまでに学んだ建築を鑑賞するためにイタリア旅行に出かけた[13]。

アイノは1915年のノートに、コンクリートの技術について几帳面な筆記体で書き留めている。「形態は、それがなぜ存在しているかわかるようでなければならない。建築材料も形態と同じように、はっきりとわかるようでなければならない。どの建築材料もその材料に特有な性質に従って扱われなければならない[14]」。

このころ使われるようになった新しい建築技術と建築材料が、この時代の建築に影響を与え、1920年代に始まった機能主義とモダニズムの形をつくった。

女性建築家のツムストッケン協会とアーキテクタ協会

他の工学分野と同じように、建築は特に男性のものと思われており、女性がプロフェッショナルとしての自身の立ち位置を確立するのは簡単ではなく、アイノと同時代の女性建築家たちは、インテリアや家具デザインのほうに力を入れた。例えばエルナ・キリャンダーはコティ＝ヘメット（ホーム）・インテリア・デコレーション会社を設立し、そこで1935年のアルテック設立まではアールト家具も販売

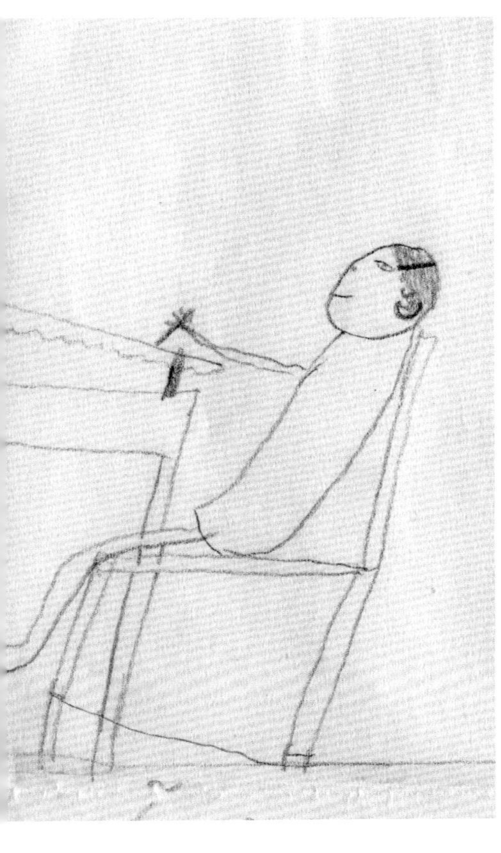

していた。サルメ・セタラは次のような言葉で、この時代の女性が建築で成功する難しさを語っている。「私は、建築家以外だったら何にでも、男でなくてもなれるのではないかと思い始めている[15]」。1919年夏、若い女性建築家たちは、男性中心のフィンランド建築家協会(Safa)に対抗して、ツムストッケン協会を設立した。アイノはまだ学生であったが、最年少の設立メンバーのひとりであり、他のメンバーの多くも学校を卒業したばかりであった。設立会合の議事録によれば、協会の目的は「女性建築家の神殿に礎石を据えること」であり、「礎石は大きな、輝かしいものである必要はないが、本物で正直で高潔なものでなければならない。仕事を進めるには強さと勇気を必要とする」と記されている[16]。この後を継承し1942年に設立されたアーキテクタと同じように、ツムストッケン協会の会合にはメンバーの自宅が使われた。メインのレクチャーの後さまざまな議題について話し合いが行われ、メンバーになると特別に中央ヨーロッパへの研修旅行に行くことができた。

アイノはアーキテクタの初期のころは積極的に関わり、1944年春の会合は、ヘルシンキのリーヒティ20番の「アールト邸」で行われている。J・S・シレン、アルヴァ・アールトとオッリ・ポュリュがゲストとして招待され、ヘルシンキ工科大学建築学科の教育内容について話し合われた。この時エルシ・ボルグは、インテリア・デザインや庭園デザインの教育にもっと力を入れるべきであることと、様式史のコースに工芸史を加えるべきだということを提案した。またアルヴァは、建築家の職能が広範囲で多様であることの重要性を強く主張した。長年アールト事務所で働いていたマルヤ・ポュリュが保存していた議事録によれば、アルヴァは、「建築家は総合的な職能だから、あまり専門知識を詰め込まないほうがいい、倫理、芸術、技術的な建築家教育が第一に重要である[17]」

10. アイノ・マルシオについての参照箇所。AAS
11. 日付の入っていないスケッチ。ランドスケープ・デザインのベント・M・シャリン、カウニアイネンの村落のためのガゼボ(見晴台)。SRM
このガゼボは2003年にマントゥハリュのサルメラ・アートセンターの敷地内に建設された。
12. 1921年夏の水彩画のシリーズ。ヘルシンキ工科大学所蔵の実測図のアーカイブズ。
13. 旅行の写真によると、ドイツ、オーストリアからヴェネチア、ラヴェンナ、シエナ、フィレンツェ、フィエゾレ、ローマ、ナポリ、そしてカプリ、という旅程であった。
14. 黒い表紙のノート。Rakenus-konstruktio-oppia I ja II(建築構造論I-II), 1914-1915. AAS
15. Setälä 1970, p. 105*
16. Henttonen, Maarit 1995, p. 26* ツムストッケン議事録、1919年11月。アーキテクタ協会のアーカイブズ。KA
17. 1944年5月30日。アーキテクタ協会のアーカイブズ。KA

「レストラン・イタメリ」のインテリア。

と発言している。1944年10月の会合でアイノは、彼女がインテリアをデザインしたマルモのハウジング工芸展“Vi bo i friluftsstaden”についてのレクチャーを行った。

アーキテクタの会合は月1回行われ、クリスマスパーティーが年間のメインイベントで、1944年のクリスマスパーティーのための歌集には、アールト夫妻のことが触れられている。アイノについては、戦争中の配給とモノ不足についての替え歌に出てくる。「テーブル、椅子、カーペット、羽根布団、みんなアイノは闇で手に入れられる。何でも必要な物はアルテックから持ってこられる。どこにでもコネがあるから」。フィンランド建築家協会のアルヴァとアルマス・リンドグレンは、「世界に刺激を与え、つまらない場所を格好良い場所に変える」という男性を讃える歌の中に取り上げられている[18]。

1939年アイノはアーキテクタのメンバーのために、竣工したばかりの「ヴィラ・マイレア」の見学会をアレンジしたのだが、さまざまな理由で延期され、1945年まで実行されなかった。会合ではまた、アーキテクタと建築家協会の間で起きた、会員資格の問題についても話し合われた。建築家協会がアーキテクタのメンバーは建築家協会のメンバーでもあるとしたことに対し、会費の点で女性建築家たちはこれを不当だと感じていたのである。アイノは1942～1944年の間アーキテクタの役員のひとりで、アルヴァはフィンランド建築家協会会長だったので、このことはふたりの間でしばしば話題になった。

アーキテクタの会合では広範なテーマで議論が行われた。1945年1月の会合での発言には、アイノの現実的でプロフェッショナルな姿勢が見られる。「建築に従事する人に何が求められ、何を求めるのか？」アイノは、このテーマの基調講演の発表者として、男のドラフトパーソンはしばしばお喋りと私用電話で時間を無駄にし、他の人の仕事の邪魔をすると発言した。この発言は、男女のドラフトパーソンのどちらがより仕事に責任をもっているかという議論になり、概して女性のほうが責任感をもって仕事をしているという結論に達した[19]。

18. アーキテクタ協会のアーカイブズ。KA
19. アーキテクタ協会の会合、1945年1月24日。アーキテクタ協会のアーカイブズ。KA

建築家カップル

アールト事務所のプロジェクトやデザインの中でアイノが個人的に果たした役割を見分けるのは難しい。アイノは事務所の名の下に、ひとりで外部、内部の標準ディテールをはじめ、主要なインテリアとランドスケープのデザインも生み出している。アルヴァとの協働は緊密で、一緒にデザインやプランニングを行っていたと思われる。アルヴァの描いたスケッチをアイノが図面化するということもあったように、ドローイングはアイノが描いたが、デザインはどちらのものもあった。建築業界では一般的に、デザインには事務所の所長がサインする。アシスタントのサインがプランやデザインに見られたのは1920～1930年代までで、後にはあまり見られなくなった。ラグナー・イュプヤは1924年、アイノがいたころの、ユヴァスキュラのアールト事務所に雇われた。このころのプランやデザインのサインの中には、"J.F.S"（氏名不詳、「アイラ邸」、ユヴァスキュラ、1924年）や"TT"（テウヴォ・タカラ、例えば「ラハティネン邸」、ユヴァスキュラ、1924年）といったものが見られる。

アイノ・マルシオ=アールトのデザインした他のデイケア施設と同じように、「カルフラ子供の家」には、アルテックのシリーズ家具が設置されている。

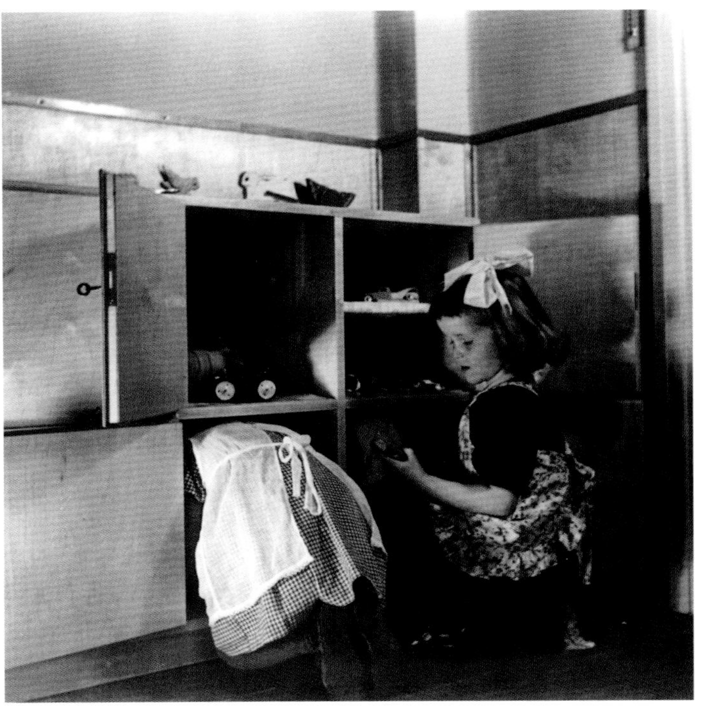

1920年代のアールト事務所のプロジェクトの多くにアイノのサインが見られる。設計過程でどの役割を担ったかはわからないが、事務所のスタンプと一緒に、"del AM"や"del AA"といったサインが書かれている。中にはフルネームでアイノ・マルシオとかアイノ・アールトというサインもある。事務所で使われていた文房具のロゴからも、デザイナーごとの役割が見える。アイノ自身の名前の入った封筒や便箋は、"アイノ・マルシオ＝アールト"または"アイノ・アンド・アルヴァ・アールト"という形式で使われた。AM-Aつまりアイノ・マルシオ＝アールトのサインは、ほとんどの場合、アルテックに関係するときや、その時々の状況でアイノが独立した役割を担うときに使われた。

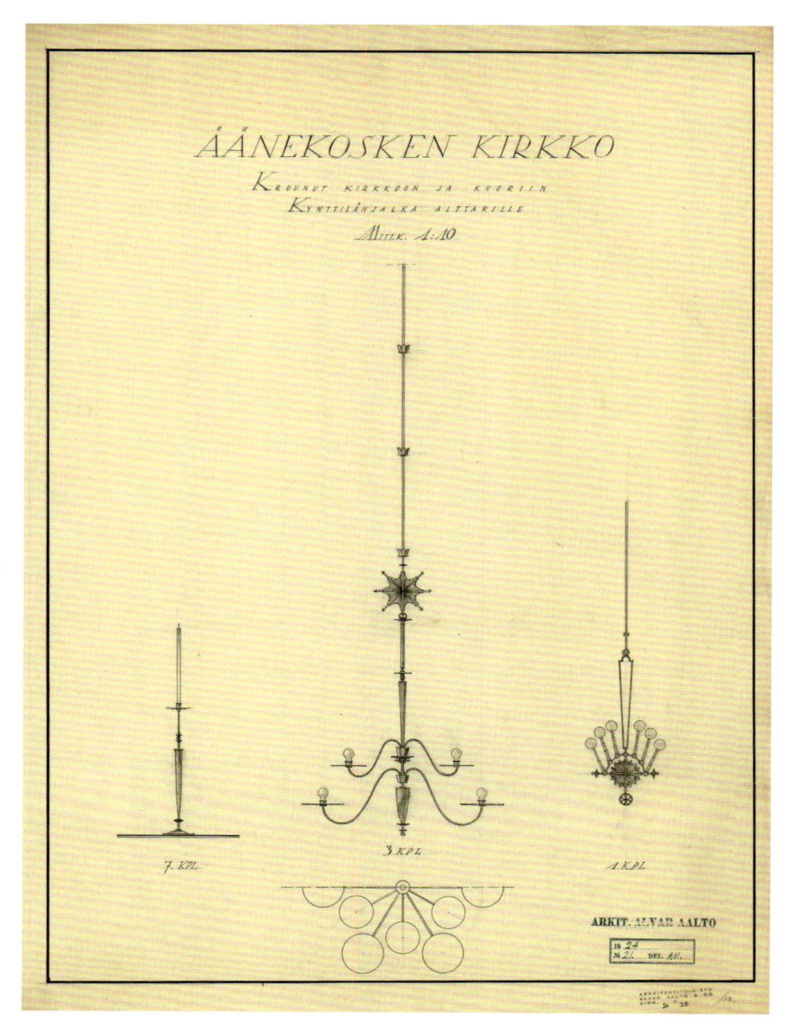

エーネコスキ教会の照明とシャンデリア。1924年、A.M.（アイノ・マルシオ）のサイン。

こうした署名やロゴなどのグラフィック要素は、アイノの貢献を示す判断材料とはならない。こうしたテクニックは事務所の誰もが建築の訓練で身に付けるものだからだ。プロフェッショナルな事務所では実施図面を作成するが、手書きの書き込みが誰によるものかはもっと曖昧である。こうした書き込みは皆が事務所の規則に従うからである。しかし、はっきりと誰が書いたものかわかる場合もあるし、また特にプロジェクトに関する往復書簡の内容から、アイノの仕事だとわかる場合がある。最終図面の余白に手書きで、覚書を書き込んでいる場合もある。

アイノの建築の経歴で特別に重要な点は、その仕事の全体像から容易に見つけることができる。彼女はさまざまな建物のインテリア・デザイン、インテリアのディテール、そして特にキッチンや最小限住宅のデザインに興味をもっていた。これらは国際的にも話題になっているテーマであった。自宅の図書室にはこれらに関する本があり、例えばスウェーデンの実例集を特に大切にしていた。規格化した部品、規格寸法そして新しい建築材料は1920年代から話題になり、アールト夫妻の建築にとっても重要な役割を占めるようになった。福祉国家スウェーデンの台頭、そしてスウェーデンの友人たちやフィンランド西部の友人たちとの交流は、アイノの仕事における社会的志向を強めることになり、労働者のためのハウジング、それと特に子供福祉健康施設、工業地帯でのデイケア施設をデザインした。学生時代にランドスケープと庭園デザインを手掛けるベント・M・シャリン事務所で働いていた経験が、後の彼女のランドスケープと庭園デザインの引き出しになり、多くの建築プロジェクトで外部空間に植栽や舗石を描き込んでいる。

アイノのプロフェッショナルとしての独自性は1930年代に強化された。これはひとつには1935年のアルテック設立のためである。また、1934年アイノはアルフレッド・コルデリン財団から奨学金を得て、デザイン、インテリア・デザインそして最新の建築を学ぶために中央ヨーロッパを旅行し[20]、写真とともに小さな旅行日誌に記録した。その成果はその後数年間のアルテックの作品をはじめ、「リーヒティのアールト邸」や「ヴィラ・マイレア」、「スニラ製紙工場」の本社オフィス、レジャー施設と労働者住宅、そしてパリとニューヨークの万国博覧会フィンランド館の会場構成などに見ることができる。

アルヴァが仕事で外国に行くときはアイノが事務所に残って、クライアントとの打ち合わせ、従業員に関すること、時には厳しい事務所の財政問題に、ほとんどひとりで積極的に取り組んだ。1930年代後半は、アルヴァの有名な作品が多く生み出され、さまざまな設計競技に参加し、事務所の活動が活発な時期でもあった。アイノはラジオのインタビューで、子供たちが幼い間は、一時的に仕事から身を退くと発言したこともあったが、ほどなく復帰している[21]。

アルテック創設の後、アールト事務所への仕事上の貢献は減り、アイノは新しい会社の発展とそのためのデザインに力を注いだ。1940年代にはアルヴァは、アメリカで講義をもち、MIT学生寮「ベーカーハウス」の設計を行うなど、外国で過ごすことが多くなった[22]。アイノはアルテックを通してこの仕事に参加し、学生寮のインテリアをデザインしている。

アルヴァはアイノの能力に全幅の信頼を寄せていた。1924年6月、新しく入ったアシスタントのミス・マルシオ宛の手紙を「親愛なるシニア・アーキテクトへ」という言葉で始め、そのあとを進行中のプロジェクトについての指示で続けたが[23]、それ以来この習慣は彼らの協働の期間中ずっと続いた。そしてアルヴァが不在の間は、アイノが事務所と家族の全責任を負ったのである。

20. Coll, 106.47.1934 Ⅲ taide（アート）. A. Kordelinin Rahasto, arkkitehtuuri ja koristetaide（アルフレッド・コルデリン財団、建築および装飾芸術）。HYK
応募者アイノ・マルシオ=アールト、1934年9月10日。スイスとフランスの工場に家具と内装を学ぶ研修旅行のための6,000マルクの奨学金に応募。応募書類にアイノは「…外国語については、ドイツ語、英語、フランス語についての相応の知識はあります」と記している。
21. マリア・コロマによるラジオ・プログラムの台本。1942年ころ。AAS
22. マサチューセッツ工科大学。
23. アルヴァ・アールトからアイノ・マルシオへの手紙、1924年7月9日。未完のプロジェクトというのは、「エーネコスキ教会」、ユヴァスキュラの「スーラフオネ・カフェの改修」、ユヴァスキュラの「カルピオ邸」、「ラハティネン邸」である。AAS

作品リスト

ミア・ヒペリ
アルヴァ・アールト博物館キュレーター

この年代順作品リストには、アイノ・マルシオ＝アールトが明確に関与したプロジェクトを挙げている。しかし公式にはアルヴァ・アールト建築家事務所の作品である。アイノが携わったとわかる部分を、それぞれの作品について記載し、アイノひとりのデザインとプランとして知られているものについては別に示している。ドローイングやプラン、それに関連する記録類は、アルヴァ・アールト博物館のアーカイブズである。

作品リストにはアイノのキャリアにおけるさまざまな段階のデザインやプランの例が含まれるが、彼女の作品の包括的なリストというわけではない。この他にも、彼女が重要な役割を果たしているのに、ここには記載されていないものがあると考えられる。

アイノ・アールトによる独自の建築デザイン

ヴィラ・フローラ

1926年、増改築は1938年。図面には日付の記載はない。舗石や植栽のデザインはアイノ・アールトのスタイルで描かれており、『アルキテヘティ *Arkkitehti*（建築家）』誌（イギリスの『アーキテクチュラル・レヴュー』誌のような雑誌）の記事には、デザイナーとしてアイノの名が記されている。寝室と居間のふた部屋をひとつの暖炉で暖める構成で、屋根は芝で葺いている。ふたつの寝室のある別棟が1938年に増築された。アイノはまた、庭に子供たちのための遊び小屋を設計した。

『アルキテヘティ』に、アイノによる設計要旨が掲載されている。「暖かい夏の期間のための休暇小屋で、他に建物のない、約2kmにわたって続く砂浜の近くに建てられた。家の後ろは開けた牧草地で、海岸に平行に立つ樹木の列の間に「ヴィラ・フローラ」は建っている。木造で屋根は灌木や花が育つように芝で葺き、テラスの石はスレートである。壁は内外とも木のパネルだが、ファサードだけは白石灰で塗り、内壁は鉋(かんな)掛けしたスプルースの板張りである。居間と暖炉、キッチン、廊下、寝室からなるこの家は、アラヤルヴィ湖の岸辺にあるアラヤルヴィ教区に位置し、1926年に3週間で建てられた。設計はアイノ・マルシオ=アールトである[24]」。

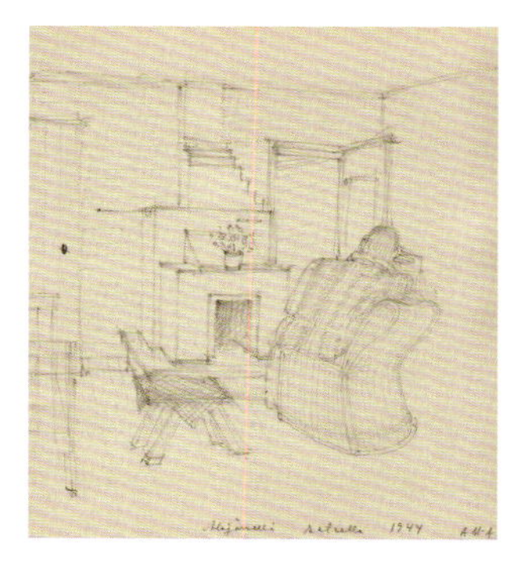
アイノ・アールトのスケッチ。暖炉の前に座る夫アルヴァ・アールト。

24. Marsio-Aalto, Aino 1929, pp. 74-75*

湖に面したヴィラの屋根付きのポーチ。

アイノがデザインした「ヴィラ・フローラ」の庭にある、子供たちのための遊び小屋。

上、下：「ヴィラ・フローラ」、増築前のオリジナルの状態。

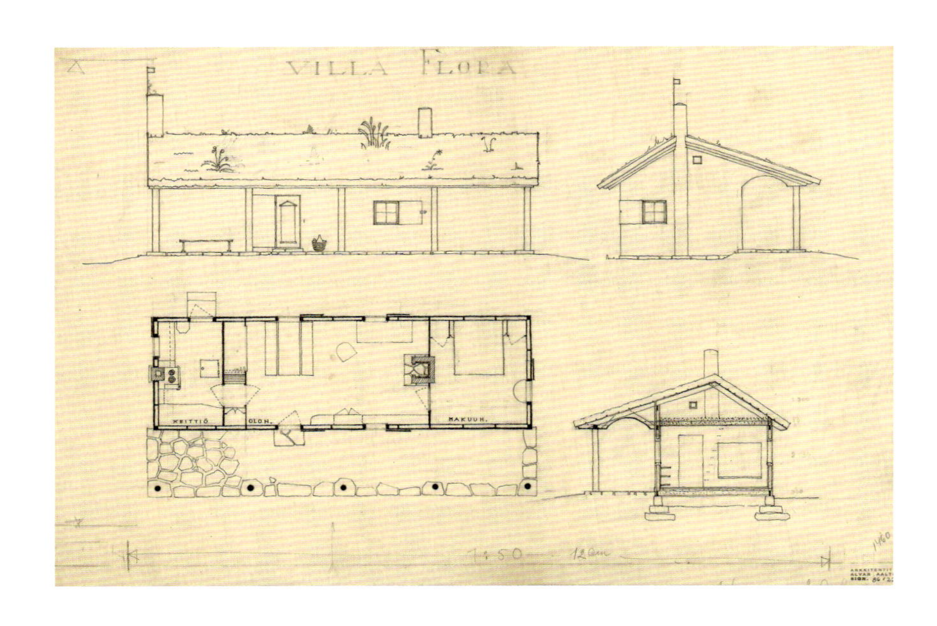

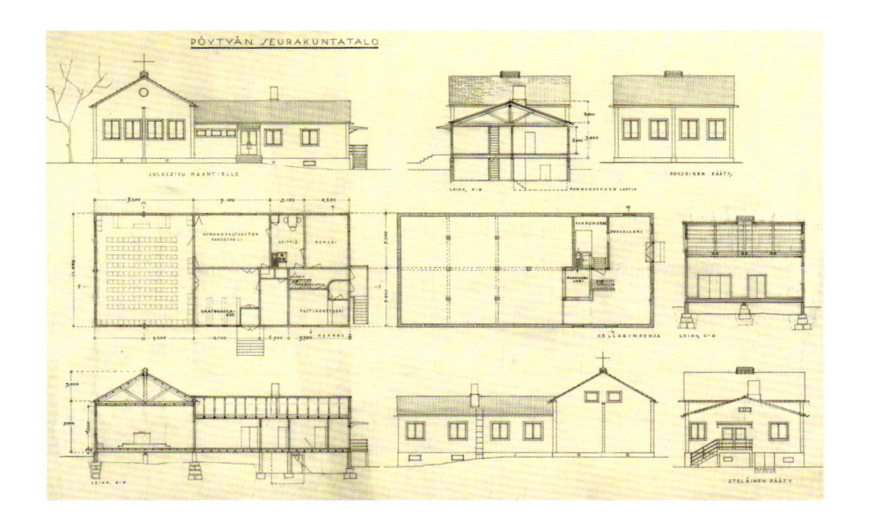

「ポイティア教区教会」。

ポイティア教区教会

1930年。同じ敷地内に建つ古い建物を補完する、シンプルな木造の教区教会。彼女のいとこが牧師をしていたポイティアの福音派のルーテル教会のために、アイノ・アールトが設計。

ミラノ・トリエンナーレ

1936年。アイノ・アールトによるフィンランド館の会場構成がグランプリを獲得。アイノは型押し成型のガラス器「ボルゲブリック」のデザインでゴールド・メダルも獲得している。

ヘルミ・ハローネン・オニール・ハウス

アメリカ(所在地不詳)。一連の図面にはアイノ・アールトの1940年10月1日のサインがある。実現しなかった。1家族のための住宅のデザインであり、勾配屋根の木造建築で、1階にはゆったりした家の幅いっぱいに取られたエントランスホール兼居間があり、大きな暖炉が設置されている。1階には他にキッチンと寝室、サウナと浴室があり、上階には寝室がふたつある[25]。

ノールマルク子供福祉健康センター

1945年[26]。一部が2階建てのこの建物は、大きな庭の真ん中に建っている。デイケア施設、ヘルスケア施設、看護師事務所からなる。アイノは他にも、カルフラ、カウットゥア、スニラなどに子供福祉健康施設を設計している。

夏の家、ヘイノラ

1945~1948年。一部2階建て、ロマンティックな夏用のログハウス。

25. プライベート・アーカイブズ。
26. Ålander 1952, p. 11*

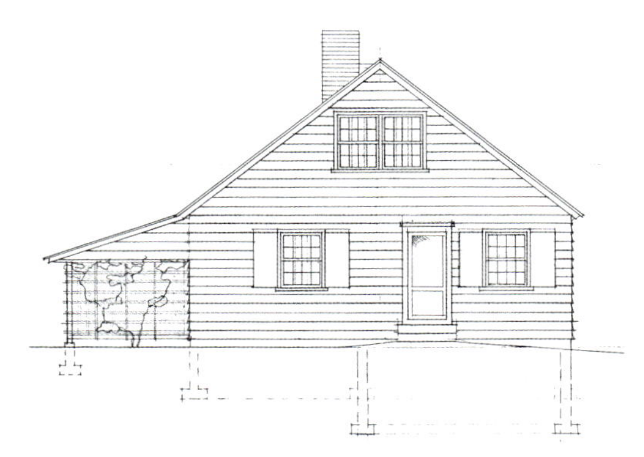

アイノがデザインしたアメリカの「ヘルミ・ハローネン・オニール・ハウス」。実現しなかった。

上2点：庭から見た「ノールマルク子供福祉健康センター」と看護師事務所のインテリア。

右：「ノールマルク子供福祉健康センター」。大きなセントラル・ホールがあり、一部が2階になっている特徴的なコンセプトの同じ幼稚園建築を、アイノは1940年代に多くデザインした。

下：「夏の家、ヘイノラ」。南側ファサード。

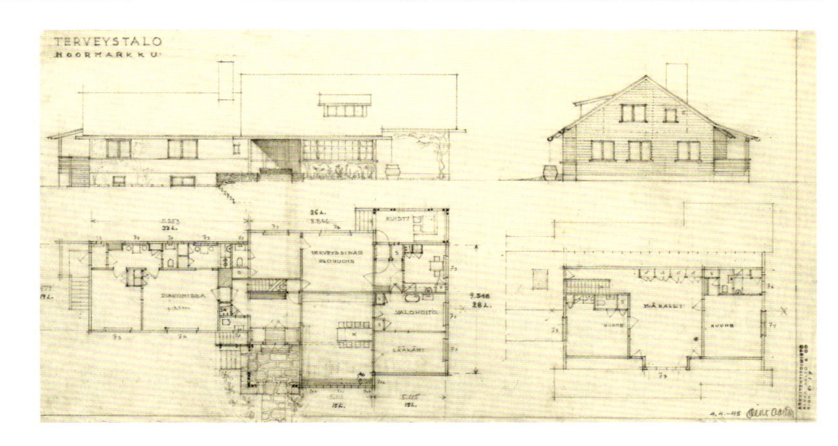

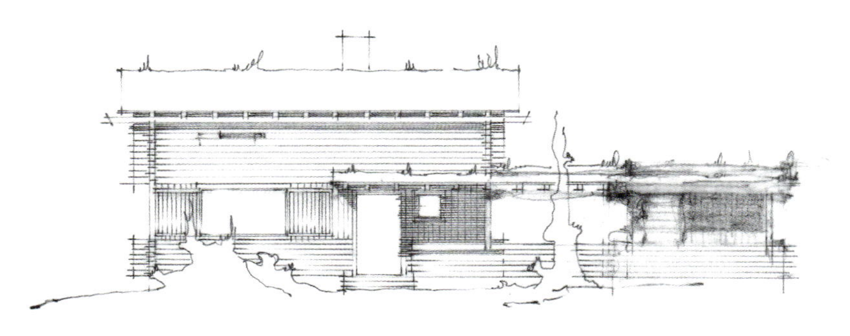

66頁：1936年ミラノ・トリエンナーレのアルテックの展示。アイノ・マルシオ=アールトのデザイン。

Finlandi
mobilio modello arch. alva

アイノ・アールトが担当したアールト事務所の作品

中央フィンランドの教会の改築

教会の修復と改築は、創設時のアールト事務所にとって大事な収入源で、アルヴァとアイノのふたりともそのプランとデザインに参加した。これらの作品にアイノのサインはないが、ふたりの建築家が関わっていたことは、トイヴァッカ、アントゥッラ、ピェルキョンメキ、ヴィータサーリなどの教会に関する往復書簡に記載されている。

アラタロ・メイナー（領主館）の主屋

タルヴァーラ、ラウカー、1924年。スタディ図面の一部のデザインとサインはアイノによる。

ユヴァスキュラ労働者クラブ

ユヴァスキュラ、1924年。図面の一部にアイノのサインがあり、おそらくは建物のデザインに最初から関わっていたと思われる。

ユヴァスキュラ牧師館

1926年。図面にアイノとアルヴァのサインがある。コンペ参加作で実現はしていない。

カルスツラの医者の家の改築

1926年。「Del A.M.」のサインあり。

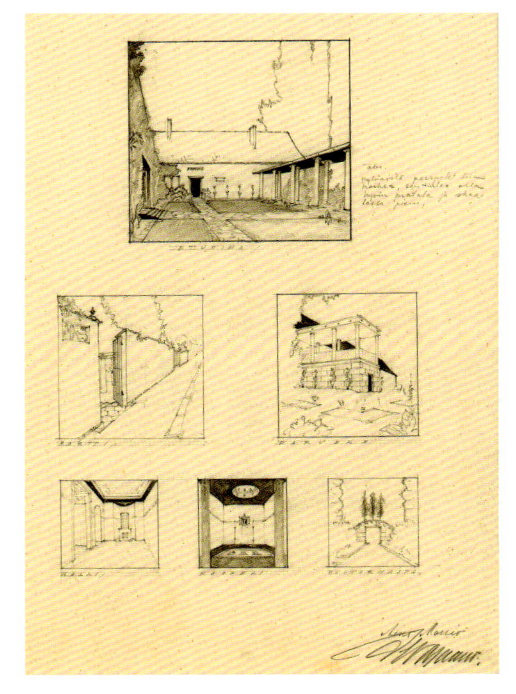

上：「ユヴァスキュラ牧師館」。アイノ・マルシオとアルヴァ・アールトのサイン。

下：ラウカーの「アラタロ・メイナー（領主館）」。1924年2月27日、アイノ・マルシオのサイン。

左上：「パイミオのサナトリウム」。スタッフ用住宅。

右上：患者ラウンジの温室コーナー。

左下：現場のアイノと施工業者キルピ。

右下：シニア内科医のためのアパートメントのキッチンと配膳スペースの図面。

右頁：アイノが竣工後に撮影した病室棟。

パイミオのサナトリウム

サナトリウムとスタッフ用住宅。コンペの締め切りが1929年1月31日で、竣工は1932年。『アルキテヘティ』[27]によれば、アイノ・アールト、エルリング・ビェルトナス、ハラルド・ウィルドハーゲン、ラウリ・シピラ、ラース・ウィクルンドが、このプロジェクトに携わったアシスタントである。このコンプレックスは、病院、スタッフ用住宅、サウナ、温室そして死体安置室からなる。

アイノが建築家として主にデザインしたのは、医師と看護師用の住宅であった。『アルキテヘティ』1934年第6号にアルヴァは、「パイミオのサナトリウム」の住宅について次のように書いている。「住居寸法のフレキシブル・システムは、病院のスタッフ用住宅にのみ適用されている。このうち医師用の住宅は長屋形式で、それぞれの家族ユニットをできるだけ分離することを主眼としている。そのため近接した隣戸同士の視線が交錯しないように、テラスの奥行を2種類にしている。アイノは図面とスケッチを、そしてインテリア・デザインを少し受け持った」。

27. *Arkkitehti* 6/1933, pp. 79-90*

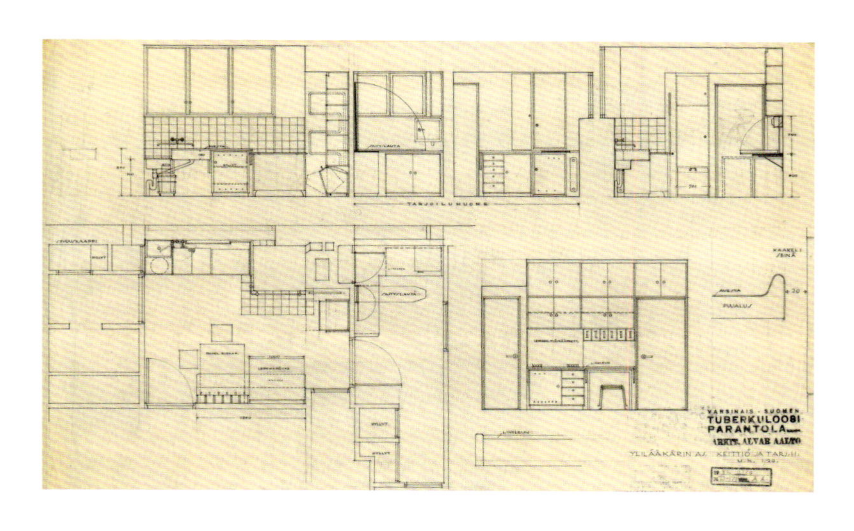

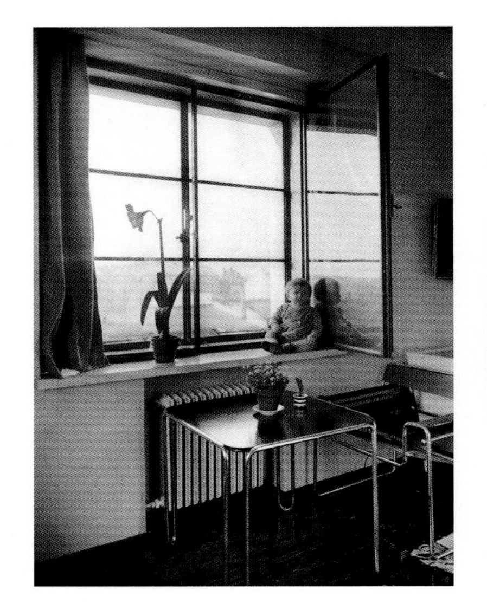

左上：「南西フィンランド農業協同組合ビル」にある「アールト邸」の居間のインテリア。

右上：「アールト邸」の子供室。

左下：「アールト邸」の居間兼書斎。

右頁：「南西フィンランド農業協同組合ビル」外観。トゥルク。

南西フィンランド農業協同組合ビル、トゥルクのアールト邸

共同のサインあり。Del AA/TT （アイノ・アールトとテウヴォ・タカラ）。『トゥレンカンタヤト *Tulenkantajat*』誌[28]で、アルヴァはこの計画へのアイノの貢献に言及している。アールト一家もここに住み、アイノが手掛けた彼らの住宅のモダンなインテリア・デザインがこの雑誌に大きく紹介された。シリーズ生産された家具とアールト夫妻による特別モデルの家具が使われた[29]。

28. EEJ [Elsa Enäjärvi], 1929*
29. *Arkkitehti* 6/1929, pp. 96-97*

左上：「ヴィープリの図書館」のロビーにて、アイノ、アルヴァとアルネ・エルヴィ。

右上：オーディトリアムのファサード。

下2点：子供図書館のインテリアと洗面台を仕切るカーテン。

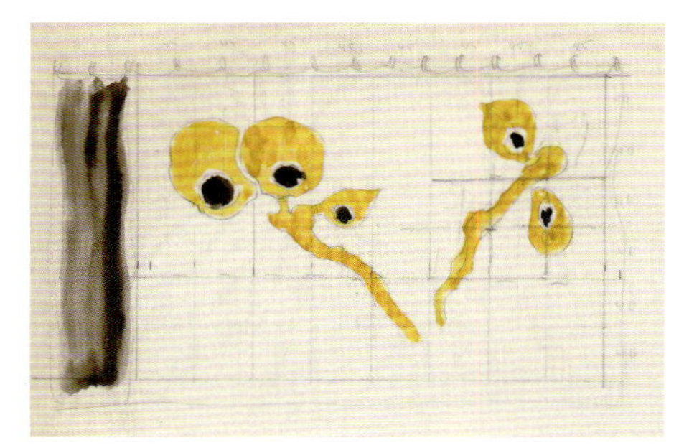

ヴィープリの図書館

1927年にＷＷＷという仮名で勝利したコンペ作品。完成は1933年。1935年の旅行日誌の記事の中で、アイノは図書館のための籐製（ラタン）のテーブルと籐椅子、そして大きな鉢植えの植物について提案し、またオーディトリアムの扉を黒のスエードまたはリノリウムで仕上げることや、テラスや屋上に可動のガーデン家具を提案していて、そのうちのいくつかは実現している。

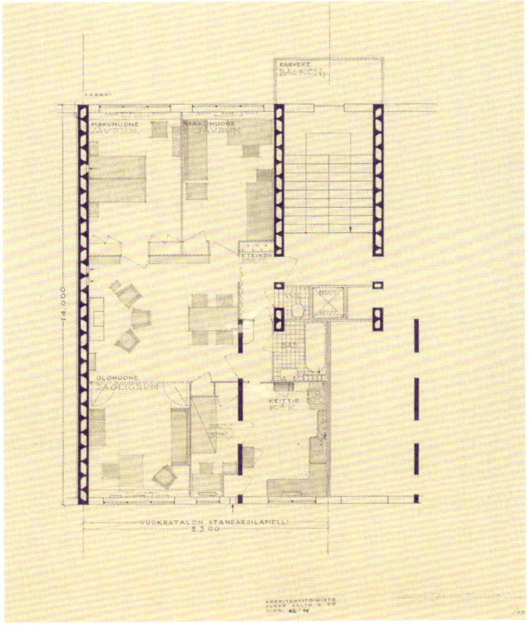

「タパニ・ハウス」は1929年のトゥルク博覧会で公開された。アパートメントの一室が、規格寸法に基づき、実用的でモダンな方法でシリーズ家具を使った内装がなされた。

上：部品化建築の「タパニ・ハウス」。トゥルク。

下：シリーズ生産された構成部材は、1920～1930年代のモダニストの建築に使われた。「タパニ・ハウス」でメタル・フレームの窓部材を示すアイノ。

タパニ・ハウス

トゥルク、1927年。フレキシブルなフロアプランのコンクリート造のアパートメント。トゥルク市700周年記念に合わせてつくられたアパートメントのひとつ。このプロジェクトの家具をアイノがデザインし、おそらくインテリア・デザインも彼女が行ったと思われる。図面の一部にアイノのサインがある。

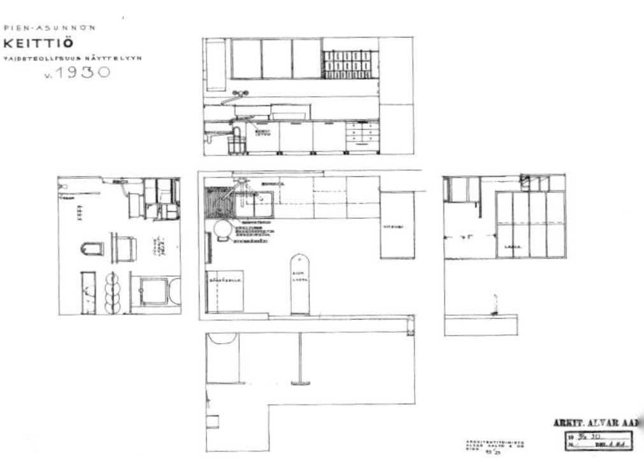

左：「トゥルン・サノマ新聞社」。

上：「最小限住宅展」。ヘルシンキ、1930年。

トゥルン・サノマ新聞社

1927年。『アルキテヘティ』1934年第6号にアルヴァは記している。「建築家ハラルド・ウィルドハーゲンが図面と監理を担当した。アイノ・マルシオ＝アールトとエルリング・ビェルトナスがアシストし、署名している」。

最小限住宅展

ヘルシンキ、1930年。アルヴァが監修者を務め[30]、アイノは特にいわゆるミニマム・キッチンのデザインを担当した。何枚かのドローイングと家具デザインに彼女のサインがある。この展覧会のモデル・アパートメントは 4、5 人の家族用にデザインされた。

30. *Arkkitehti* 11/1930, pp. 190-191*

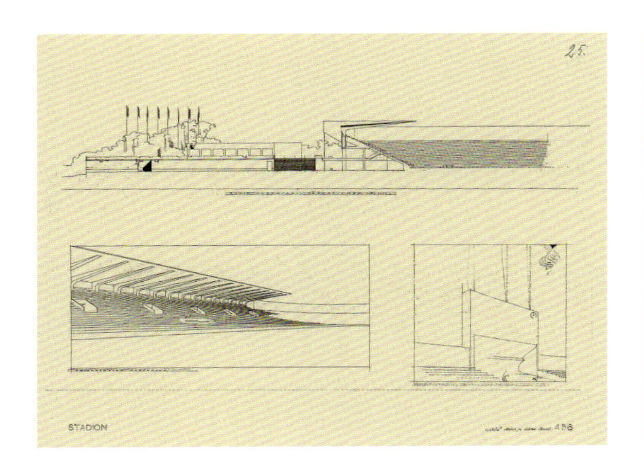

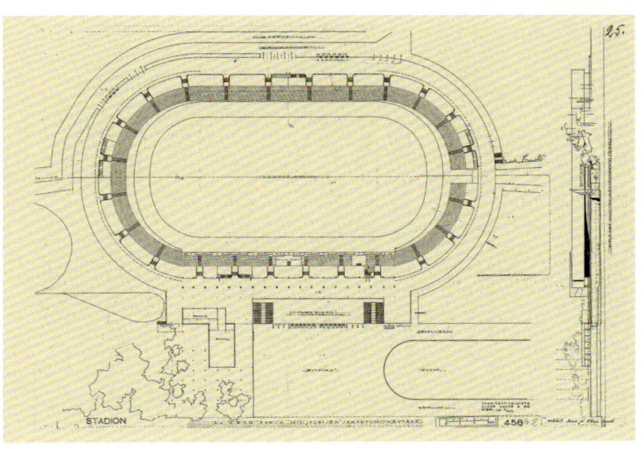

左上：1933年、アールト夫妻は「ヘルシンキ・オリンピック・スタジアム」の2段階コンペに参加した。「456」というタイトルのオリンピック・スタジアム応募作。

右上：「ヘルシンキ・オリンピック・スタジアム」のコンペ。

下：「インシュライト・ヴィラ・コンペ」、アールト事務所による共同応募作品。1932年。

ヘルシンキ・オリンピック・スタジアムのコンペ

1930年と1933年の2段階で行われた。アイノとアルヴァは「456」という作品タイトルで公式に参加した。このプロジェクトでは、スタジアムのエントランスに設けられた垂直のコンクリートの構造体が列を成し、アクセントになっている。

カフェテリアとサービス部門はエントランス脇の別棟に入れられ、スタンドはコンクリートの梁が支える軽い屋根に覆われていた。応募案の全体デザインやコンセプトは評価されたが、増築案と照明については批判された[31]。

インシュライト・ヴィラ・コンペ

1932年にヘルシンキで開かれた北欧建築会議の展覧会に関連したコンペで、フィンランドのインシュライト・カンパニーの主催で行われた。「バイオ」というタイトルの応募案は、アイノとアルヴァのデザインである。アイノは、キッチンと家事の衛生に関する展示を担当し、家事のテクノロジーのブースにも関わっていた。アイリ＝サッリ・アハデが委員長でエルナ・キリャンダー、アイノ・アールト、エッリ・ルースらから成る委員会によって運営されていた[32]。

31. *Arkkitehti* 6/1933, p. 93*
32. *Arkkitehti* 4/1932, p. 63*
Arkkitehti 5/1932, p. 75*
Arkkitehti 7/1932, pp. 102-103*

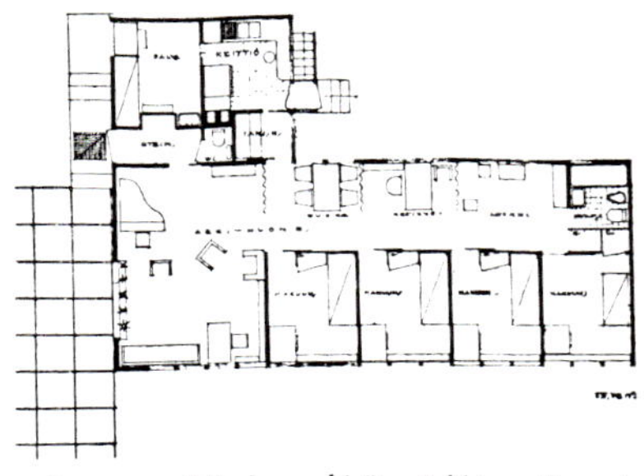

Lunastus. Nimim. „bio". Arkkit. Alvar ja Aino Aalto. Pohja kaavassa 1 : 300, sisäkuva makuuhuonekäytävästä ruokailu-, työskentely- ja leikkipaikkoineen sekä ulkokuva.

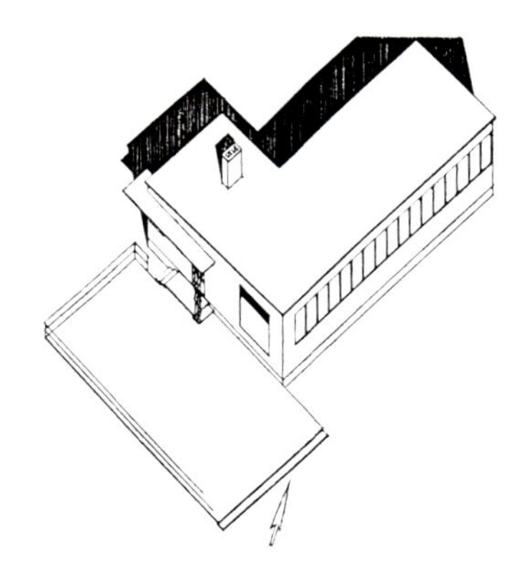

ヴィラ・タンメカン

タルトゥ、エストニア、1932年。アイノは、施主夫人のイレーネ・タンメカンと、ヴィラの材料や規模など、デザインの基本的な考え方について手紙を交わした。手紙は事務所を代表してアルヴァ・アールトのサインで出されてはいたが、アイノの手書きであった。ドローイングやプランの多くにはL.S.（ラウリ・シピラ）のサインが書かれていた。くっきりとした形態の陸屋根のモダンな建物で、工事期間中に大きな変更が行われた。

パリ万国博覧会フィンランド館

1937年。入選作“Le bois est en marche（森が動いている）”は、アイノとアルヴァ、アシスタントのアルネ・エルヴィとヴィリョ・レヴェルによるもの。2等はアルヴァとアシスタントのアルネ・エルヴィとヴィリョ・レヴェルによる応募作“Tsit Tsit Pum”であった。『アルキテヘティ』1936年第7号で次のように言及された。「応募作の2案のうち入選作は、この博覧会の目的を美しく表現しようとした提案であった。フィンランド館に使用可能な全エリアが効果的に使われ、エントランスは公園への眺望をエレガントに生かしている。展示ホールにはスカイライトがあり、モデル住宅は、観客によく見えるように少し高いところに展示されている。ファサードに、フィンランドの木材が製造工程の途中段階のままうまく使われている。この建築は称賛に値する」。アイノの入選作のデザイナーとしての貢献については書かれていない。『アルキテヘティ』1937年第9号にはこの建物はアルヴァひとりの作品として掲載され、アルヴァもアイノの参加については言及していない。しかし博覧会の記録文書には、

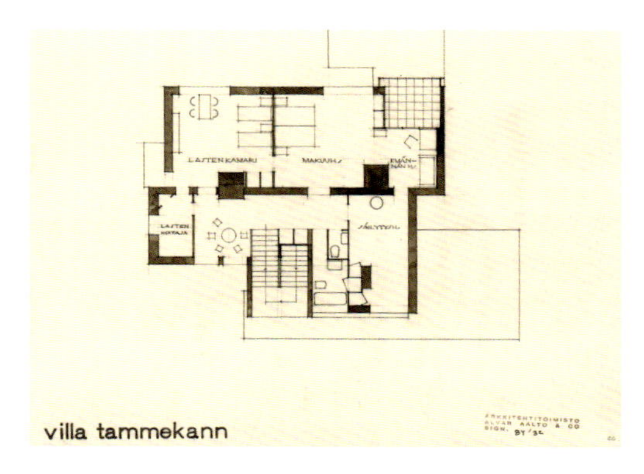

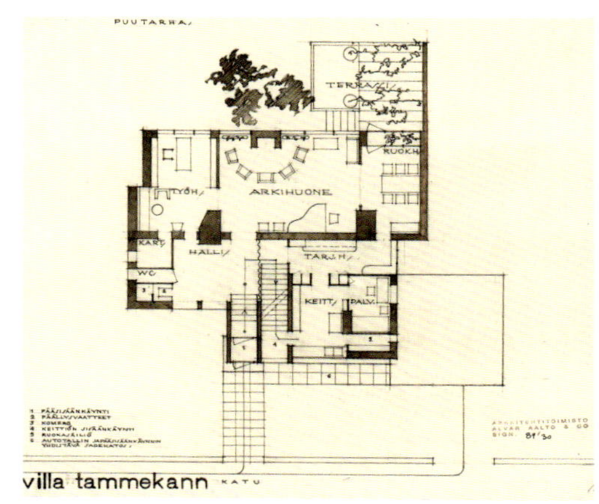

上：「ヴィラ・タンメカン」。タルトゥ、エストニア。1、2階平面図。

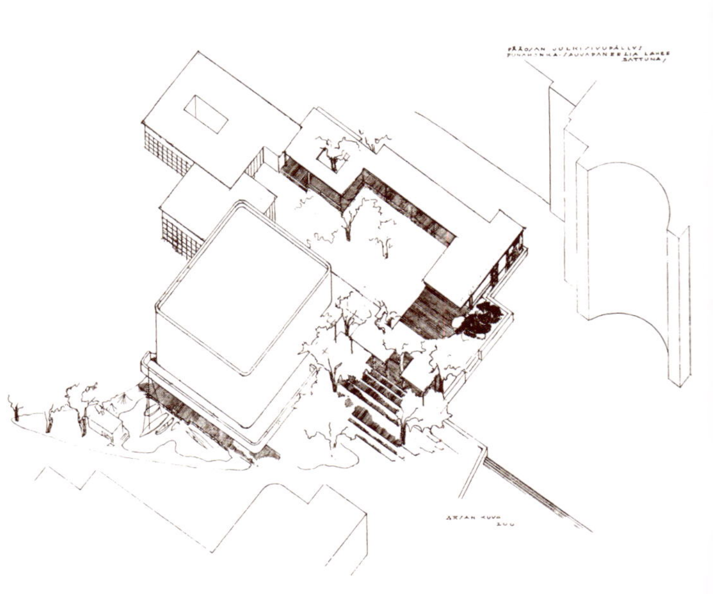

下：パリ万国博覧会フィンランド館入選作（“Le bois est en marche”）。

図書館部分とガーデンルームについて、アイノによるデザインであると記され、社会の出来事と観光の部門の展示はアイノによるデザインだとされた（だが残された記録文書には、「アイノ・アールトとアルヴァ・アールトによる」という鉛筆書きが付け加えられている）。展示パネルのうちの1枚は「母親と労働者としての女性」がテーマであり、女性の建築家、鉄道の切符回収人、実験室の技術者、セールスパーソンといったさまざまな職業が紹介された。また、フィンランドの女性アーティストが際立って多く取り上げられ、テキスタイル・デザイン、特にリヤー織り（スウェーデン南西部リヤー村にちなむ手織り絨毯）や陶磁器が大きく展示された。フィンランド館は斜面に建てられ、中央には中庭がつくられたが、その構成には明らかに2年後に完成する「ヴィラ・マイレア」と多くの類似点がある。

上：1937年パリ万国博覧会で展示されたカルフラ・ガラス器。

下：1937年パリ万国博覧会のアルテックのパビリオン。

リーヒティのアールト邸

リーヒティ20番、ムンキニエミ、ヘルシンキ、1935年。自邸兼事務所。自邸のデザインでは、ふたりの役割は明らかで、アイノは実現しなかった別案のインテリアと、特別にデザインされた家具の図面を描いている。建物は2階建てで、事務所部分と住居部分に明確に分離されている。事務所はアイノの生前にはよく使われていた。新しいスタジオがこの近くのティーリマキ20番に建てられたのは、1955年のことである[33]。

33. Pallasmaa 2003, Suominen-Kokkonen 2003*

左下：アイノ・アールト、新築の「アールト邸」の庭にて。

右下：1階のスタジオとダイニングルームに挟まれた、自邸のメインスペースでもあるリビング。

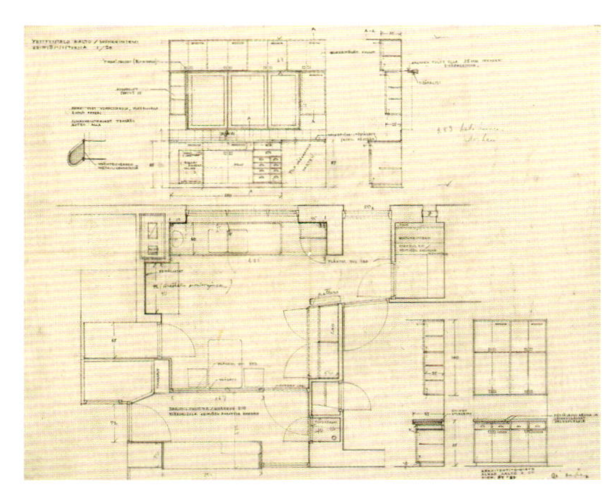

アイノが手掛けたキッチンのインテリア・デザイン。

上：庭に面したファサード。

下：道路に面したファサード。

上：「グリクセン邸」のインテリア、ヘルシンキのカイヴォプイスト区。

右上：「レストラン・サヴォイ」のインテリア。

左下：平面図。「スニラ製紙工場」の印象的なエントランスホール。

右下：「カントラ」のパーゴラ、オリジナルの状態の「スニラ製紙工場」の支配人住宅「カントラ」。

レストラン・サヴォイのインテリア

ヘルシンキ、1936年。1936年1月18日の一連の図面とドローイングに A. M-A、すなわちアイノ・マルシオ=アールトのサインがある。ユング・アンド・ユング建築事務所のデザインによる「テオリスースパラツィ・ビル」の中のレストラン、クローク、ロビー、プライベートルームのインテリア・デザイン。

グリクセン邸のインテリア・デザインおよび改築案

ヘルシンキ、カイヴォプイスト区、1936年。

スニラ製紙工場

1936～1937年。アイノは工場の本社オフィスのインテリア・デザインに、他とは違う機能的なインテリア・デザインを創造しようと考え、また工場のレジャー施設のインテリアもデザインした。それが「ピルッティ」、「上海」として知られるクラブハウスである。アイノは支配人の住宅（カントラ）と労働者住宅のために特別に家具とキッチンをデザインした。いわゆる最小限住宅の規格を労働者住宅に適用する際に彼女は重要な役割を果たした。

1939年にヘルシンキで開かれたフィンランド・ハウジング・フェアには、アイノがインテリア・デザインを手掛けた「スニラ製紙工場」の労働者住宅が展示のひとつとして出展された[34]。

34. Hipeli 2004*

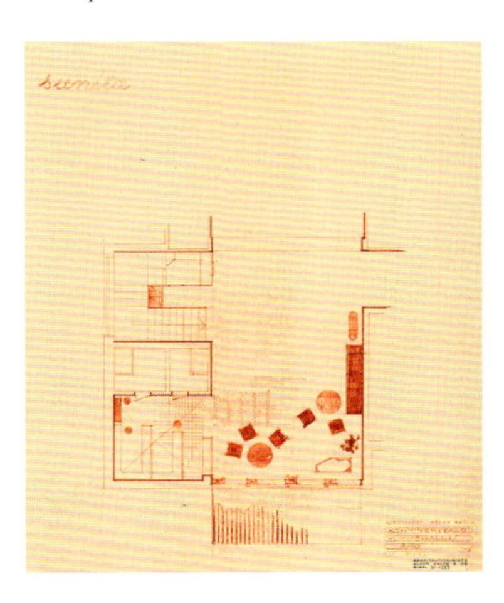

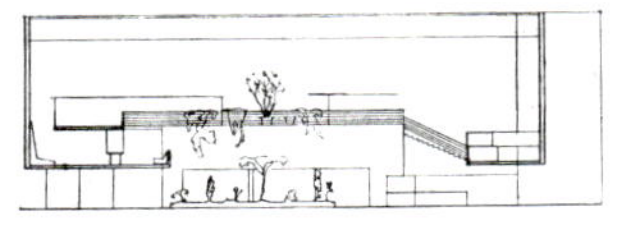

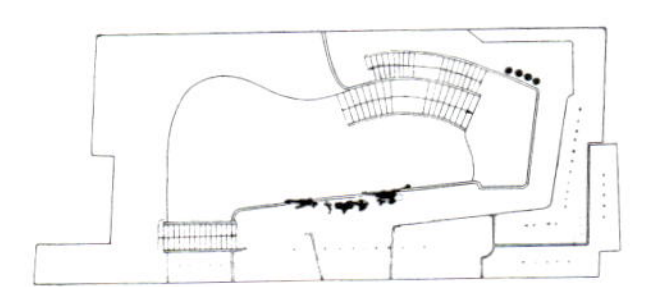

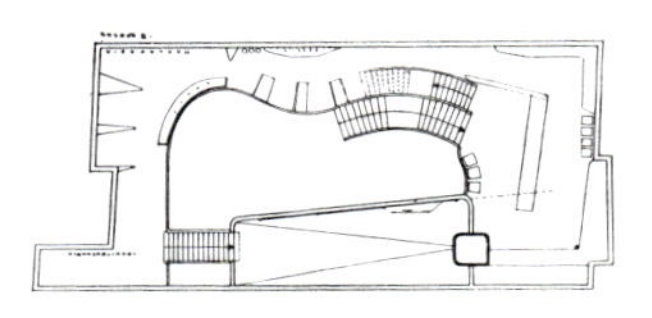

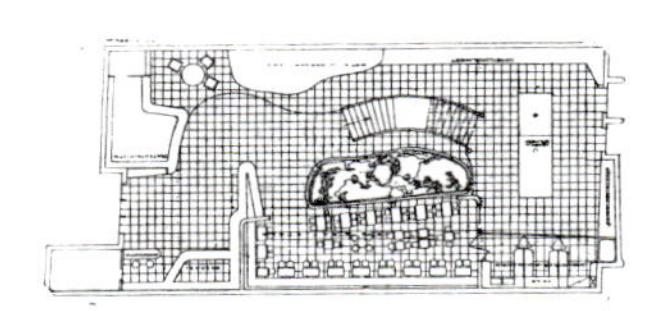

上：ニューヨーク万国博覧会フィンランド館はアイノとアルヴァそれぞれのコンペ応募案の合作であった。

右：アルヴァはフィンランド館の工芸展示をデザインした。

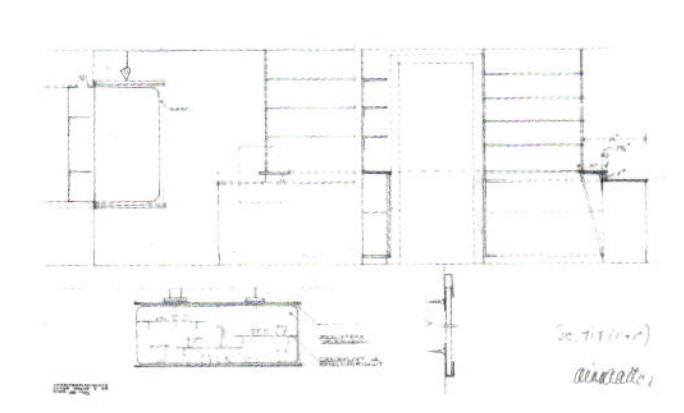

アイノのコンペ応募案「USA39」は３等だった。

ニューヨーク万国博覧会フィンランド館

1939年。コンペでアールト事務所は１、２、３等に入選した。アルヴァによる１等案のタイトルは「土地、人びと、労働」であった。博覧会の記録によれば設計者はアイノとアルヴァである[35]。

施工は1938年夏に始まった。アイノは、工芸の装飾テキスタイルの部門の展示を担当し[36]、青焼き図面には、Aino & Alvar Aalto, architects, Suomi-Finlandというスタンプが押されている。コンペの最終案は残されていないが、スタディとスケッチを見ると、これら3案とも、広々とした中心エリアと自由な曲線を描くパネルという､基本アイデアは似通っている。2等はアルヴァの“Kaskuusen latvassa oravalla（リスの住まい）”、そして３等はアイノの応募案「USA39」[37]であった。博覧会のテーマは「明日の世界」である。

ストックホルム、カルフラ・ガラス器

フィンランドの産業とアートの展示部門、1936年。

35. PM、ニューヨーク万国博覧会フィンランド館の作業グループ。AAS
36. フィンランド館の新着リスト、1939年2月22日。AAS
37. *Arkkitehti* 5/1938, pp. 116-117*

左上：ニューヨーク万国博覧会フィンランド館の施工現場の監理をするアイノとアルヴァ。

右上：「ヴィラ・マイレア」のウィンターガーデンのスレートの床、オリエンタル風に創作された枝編み細工の椅子。

ヴィラ・マイレア

1938〜1939年。「ヴィラ・マイレア」は、パリ万国博覧会フィンランド館と同時期にデザインされており、このふたつの建築には共通点が多い。アイノはインテリア・デザインを担当し、建物が完成した後の改築も行っている。その際、書斎の間仕切りを兼ねた背の高い本棚の上部と天井の間を、光は通すが音の漏れないパーツでふさいだ。資金の潤沢な「ヴィラ・マイレア」のデザインでは、規格寸法やいわゆる最小限住宅の造り付け家具を考えに入れなくてもよかったし、機能的なディテールや家具を使う必要もなかった。このころニューヨークにいたアルヴァ宛の手紙（フィンランド館の完成間近のころ）には、「アールト夫人と建築家のベルヌーイはこのプロジェクトを徹底的に追求して完成までもっていきました」とある。「ヴィラ・マイレア」は完成すると、設計者のアイノとアルヴァの名前で『アルキテヘティ』に発表され、その誌面は際立っていた[38]。その後、同誌のサウナ特集号にアールト夫妻の共同デザインによる、このヴィラのサウナが掲載されている[39]。

38. *Arkkitehti* 9/1939, pp. 134-137*
39. *Arkkitehti* 4-5/1947, pp. 64-65*

上：綿密に考えられた「ヴィラ・マイレア」とその庭のデザイン。

左下：キッチンのインテリア。

中下：広い庭を区切るパーゴラ。

右下：リビングの庭への出入口にたたずむ、マイレ・グリクセンとアイノ。

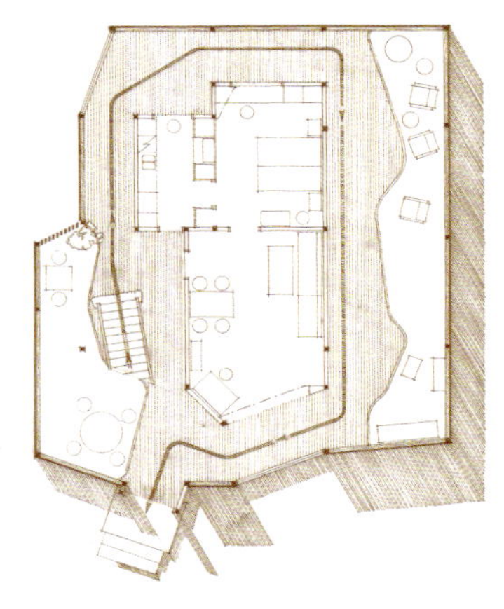

左上2点：ヘデモラのスウェーデン・アルテックの展示パビリオンの1階平面図とアルテック家具が設置されたインテリア。

右上：同パビリオンは、ヘデモラ市500周年を記念して建てられた。

マルモのハウジング工芸展 “Vi bo i friluftsstaden”

1944年、スウェーデン工芸デザイン協会が開いたインテリアの展覧会。アイノはフィンランドを代表してアルテック部門をデザインした。各出展者は4、5人用住宅のインテリアとガーデン・テラスのデザインを担当した。(p. 128参照)

ヘデモラのスウェーデン・アルテックの展示パビリオン

スウェーデン、ヘデモラ、1945年。建築家はアイノとアルヴァである[40]。パビリオンはヘデモラ市500周年を記念して建てられた。同じパビリオンに出展していた施工業者のエルンスト・スンドーにより施工された。アールト事務所とスンドーのコラボレーションは1950年代まで続いた。戦後、フィンランドの資材不足によりアルテックが工場の一部をスウェーデンに移したためである。

ペコラ・ハウジング地区

フィンランド、タンペレ、1945～1952年。このペコラ・ハウジング地区はタンペッラ・カンパニーの従業員のために計画された。プランとドローイングには“Arkkitehtitoimisto Aino ja Alvar Aalto（アイノとアルヴァ・アールト建築家事務所）”のスタンプが押されている。ディテールと平面には、「スニラ製紙工場」の労働者住宅との類似点が見られる。

MIT学生寮ベーカーハウス

ボストン。アルヴァがアメリカに通っていた1946年に始まったMIT学生寮のデザイン。インテリア・デザインはアルテックに依頼され、アイノが関わっている。造り付け家具の多くは、建築家オラヴ・ハンマーストロムのデザインである。1948年12月28日のアルテックの家具発注書にアイノのサインがある。ハーバード大学文学部のポエトリー・ルームのインテリアと特注家具はアルテックに依頼

40. *Arkkitehti* 7-8/1946, pp. 91-94*

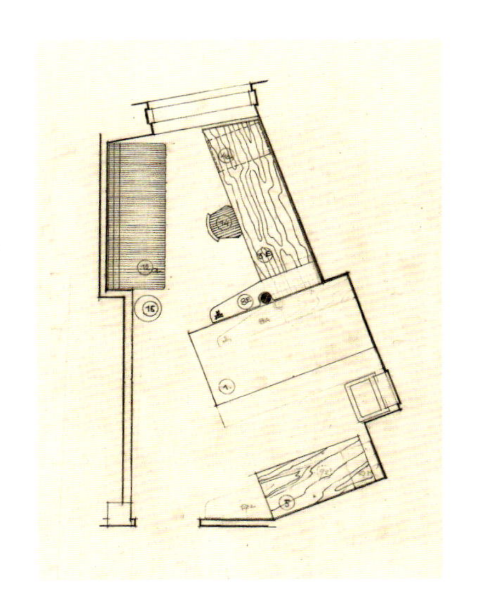

上：ハーバード大学文学部にあるポエトリー・ルームのインテリア。アメリカ、ボストン。

左上：MIT学生寮「ベーカーハウス」。寮室のインテリアはアルテック家具で効果的にデザインされている。建物の外形のために各室は異なった形態をしている。

され、『アルキテヘティ』に掲載されたアルヴァによる文の中で、アイノはインテリア・デザイナーとして言及されている[41]。

アイノとアルヴァ・アールト25周年記念展

ヘルシンキ、クンストハレ、1947年。展覧会ではアイノとアルヴァのキャリアの中から、次の作品を展示している。1920年代の初期教会改修作品、「ヴィープリの図書館」、カウットゥアの「住区計画とテラスハウス」、オウルの「コシキケスクス・コンプレックス」、ヴァーサの「ストロムバリ工場のランドリー、サウナおよび労働者ハウジング」。

国民年金協会(カンサネラケライトス)

ヘルシンキ。1948年10月16日に締め切られたコンペで、アイノとアルヴァの応募作品「蘇ったフォーラム」が1等[42]を獲得した。最終的な建物はアイノの没後、1950年に違う敷地に建てられた。

41. *Arkkitehti* 4/1950, pp. 53-64* アイノの他にシニッカ・キリネン、マイヤ・ヘイキンヘイモ、H.S.およびE.K.によるドローイング、アルテック史料館のアーカイブズ。
42. *Arkkitehti* 1-2/1950, pp. 3-5*

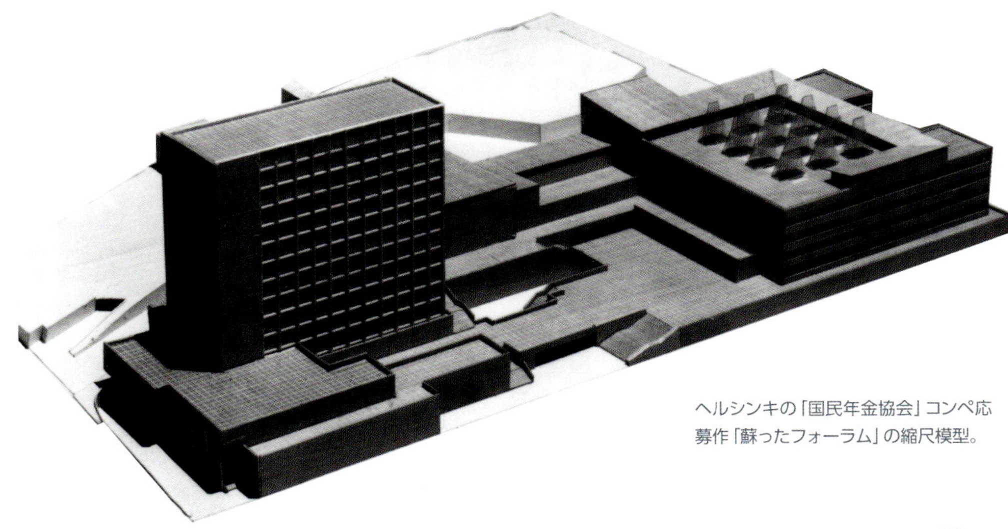

ヘルシンキの「国民年金協会」コンペ応募作「蘇ったフォーラム」の縮尺模型。

アームチェア（クラブ・チェア）。
アイノ・アールト、1936、1937年。

ダイニング=テーブルチェア。
アイノ・アールト、1941年。

チェア。
アイノ・アールト、1936、1937年。

保育室の戸棚。
アイノ・アールト、1929年。

「ヴィラ・マイレア」のダイニングチェア。
アイノ・アールト、1939年。

テーブル。
アイノ・アールト、1938年。

チェア・デザイン。1944年11月8日。

チェア。
アイノ・アールト、1944年か？

子供用チェア。
アイノ・アールト、アルヴァ・アールト、1929、1932年。

チェア。
アイノ・アールト、1941年。

新聞雑誌収納棚。
アイノ・アールト、1938年。

アイノ・アールトによるアームチェアのデザイン、1947年4月20日。ドローイングはマイヤ・ヘイキンヘイモ。

ヘルシンキ、マルミ空港のレストランのアームチェア。アイノ・アールト、1947年。

アームチェア。
アイノ・アールト、1938年。

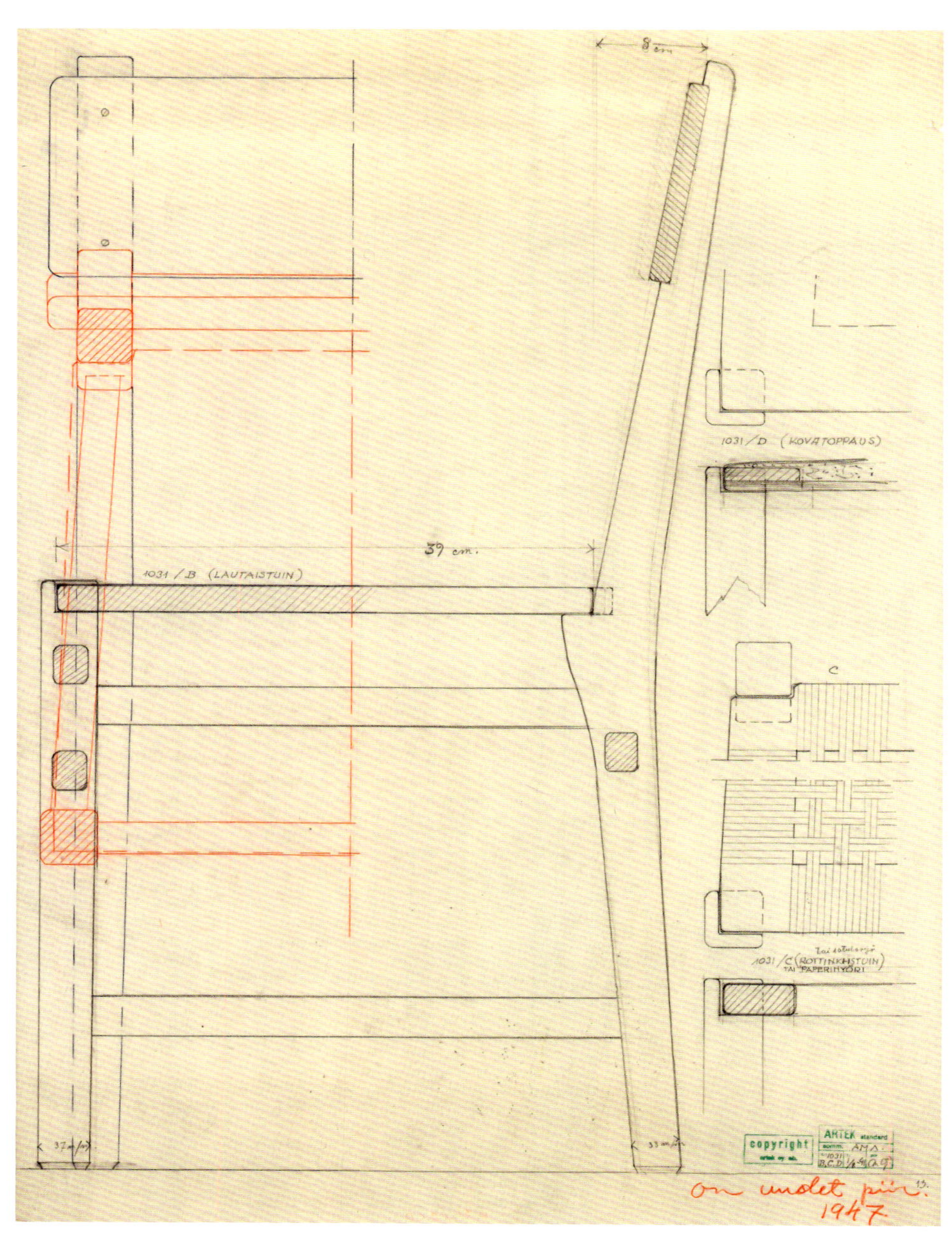

チェアのデザイン。1941年8月1日。

左：チェア。アイノ・アールト、1938年。
中：チェア。アイノ・アールト、1943年か？
右：チェア。アイノ・アールト、1938年。

ガーデン家具セット。アイノ・アールト、
アルヴァ・アールト、1930年代から
1940年代にかけて。

ガーデン家具セットのリクライニング・
チェア。アイノ・アールト、1930年代か
ら1940年代にかけて。

デスク・チェア。
アイノ・アールト、1938年。

保育室の棚。アイノ・アールト。

子供用テーブル。アイノ・アールト、1929年。

下：ソファ。アイノ・アールト、1940年代。

右頁：吊り戸棚と食器棚。アイノ・アールト、
1930年代。

インテリア、家具デザイナー　アイノ・アールト

カーリナ・ミコランタ　アルヴァ・アールト博物館キュレーター

アイノ・マルシオは1920年に建築学科を卒業した。そのころ、フィンランドでは家具デザイナーやインテリア・デザイナーは独立した職能として確立しておらず、建築科の学生は家具やインテリア・デザインの教育も受けていた。インテリア・デザインの仕事の依頼は建築家からのものが最も多かった。

110-111頁：「スニラ製紙工場」本社オフィス（アルヴァ・アールト、1936〜1938年）。エントランスホールはアイノの図面に従って家具がセットされた。

下：寝室家具のスケッチ。アイノ・マルシオ、1917年か？

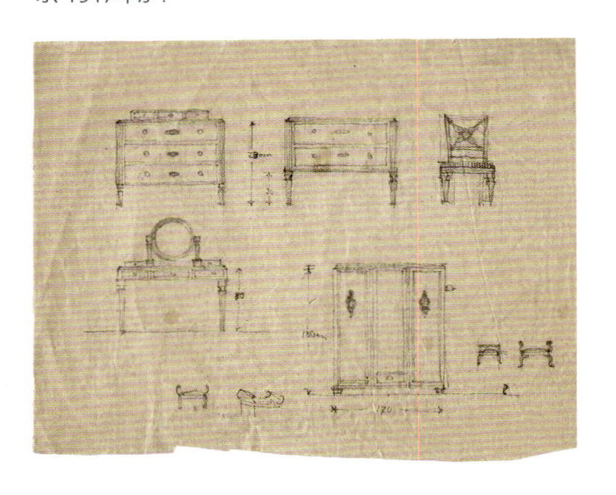

上、右頁：ヴィータサーリの教会の祭壇の燭台。アイノ・マルシオ=アールト、アルヴァ・アールト、1925年。

1924年初めにアイノ・マルシオがユヴァスキュラのアルヴァ・アールト建築家事務所のアシスタントになってすぐ、インテリアの仕事が割り当てられた[1]。

アイノの果たした役割、そしてアールト事務所の作品の中で、ふたりの建築家によるデザインの出発点について、イーゴル・ヘルララが自身の論文「アルヴァ・アールトの初期の家具とインテリア・デザイン[2]」の中で適切に論じている。それによると、1924年10月に結婚したアルヴァとアイノは教会、カフェテリア、集会ホールそして個人住宅のためにインテリアと家具をデザインしてきた。これらの作品の中で、ふたりの建築家のどちらがどれだけ貢献しているのかは、おそらく永久に謎のままである。これがこの論文の中でヘルララが出した結論である。

アイノは建築学生のときにすでに家具デザインの実習を経験していた。1916年には、サンドヴィケンズ株式会社という建具と木工の会社（ヒエタラハティ木工・家具工場）で2か月半、また次の年には、同様の会社であるヘルシンキ木工・家具工場で約2週間働いていたことが知られている[3]。こうした実習は珍しいものではなく、他の建築学生も行っていたことであり、アルヴァも家具製作会社で実習を積んでいたといわれている。

アイノが家具デザインに関心をもっていたことは、現存する学生時代の家具スケッチが示している。スケッチにはこの時代に理想とされた様式家具がずらっと並んでいるが、これらの家具はおそらく親戚から「依頼を受けて」デザインされたものだろう。1917年に、アイノは寝室の家具のセットを結婚式のお祝いとしてデザインしており、この家具セットは家具職人である花婿の父親、アンティ・ミッコネンが作ったと言われている[4]。ワードローブのスケッチ

1. アールト・アーカイブズの中に残されたアイノ・マルシオの最も古いサインのあるドローイングの日付は1924年2月27日である。アラタロ・メイナー（領主館）のエントランスホールのためのインテリア。AAS 85/16
2. Herler 1984, pp. 14-59*
3. アイノに発行された紹介状は、Sandvikens Artiebolag（サンドヴィケンズ株式会社）1916年10月4日、Helsingin Puuseppätehdas（ヘルシンキ木工・家具工場）1917年12月22日の日付であった。プライベート・アーカイブズ、ヘルシンキ。
4. カイス・ヴィカリ医師の私信、2004年2月13日。

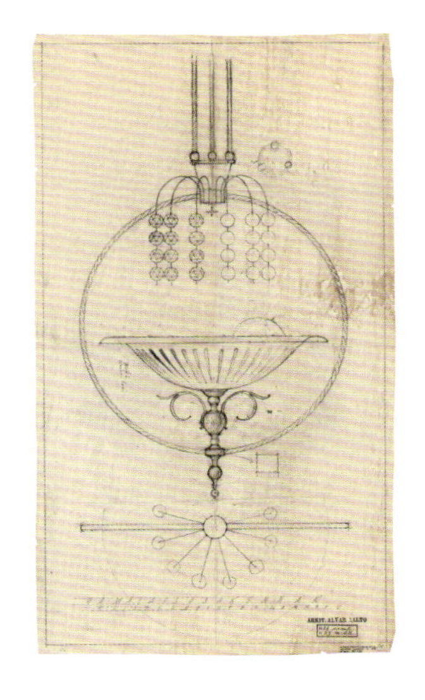

上：「ハーメ学生協会」の女性クラブ室の照明器具のスケッチ。アイノ・マルシオ=アールト、1924年。

下：クローゼットのスケッチ。上端角にH・K・カールストロームの名前。アイノ・マルシオ、1917、1918年か？

には、アイノの姉ロサの花婿の名前が書かれているが[5]、ワードローブが実際に製作されたかどうかは不明である。アイノの初期の家具デザインにネオ・バロック様式やロココ調の華麗な形態は使われなかったが、主に新古典主義の影響が明らかに見て取れる。彼女はまた、自身のためにもテーブルや椅子、整理ダンスなどの家具をいくつか作っている[6]。

アイノは卒業後も家具のデザインを続け、1922年のフィンランド工芸デザイン協会のデザイン展に出品されたダイニング家具のセットは賞を獲得し、協会のラッフル販売（ある品物を希望する人から小額の金を集め、くじに当たった人に販売する方法）のメイン賞品に選ばれた[7]。

モダニズムの到来

1927年にアールト一家はユヴァスキュラからトゥルクに移り住んだ。トゥルクに移ったばかりのころは、アイノはふたりの小さな子供たちの面倒を見るのに忙しく、あまり事務所の仕事ができなかったため[8]、程なく家政婦を雇った[9]。また、事務所には家具およびインテリア・デザインを含むいくつもの建築の依頼が舞い込み、仕事のペースも速くなり、アールト夫妻はまだ一緒に仕事をしていたが、事務所はふたりのノルウェー人の建築家を新たに雇った[10]。

このころアルヴァは建築および家具にモダニズムのデザインを導入し、アールト事務所の建築は根底から変わった。当然事務所の家具デザインについても同様である。家具は今や「簡単に洗えて、耐久性があり、軽量で安価、どの階級の人でも購入できるものでなければならない[11]」。ここに引用する記事

左：ロサとアルットゥリ・ミッコネンのためにデザインされた寝室家具。アイノ・マルシオ、1917年。

右：窓の前の食器棚はアイノの作。ユヴァスキュラのセミナアリンカッツ18番地のアールト家の写真。

5. サインのないドローイング。ワードローブのスケッチ。上の方の余白にHj・カールストロムとの書き込み。プライベート・アーカイブズ、ヘルシンキ。
6. ヨハンナ・アラネンの私信、2004年1月23日。
7. Herler 1984, p. 19*
8. 娘が1925年に生まれ、息子が1928年に続いた。
9. ヨハンナ・アラネンの私信、2000年11月9日。
10. エルリング・ビェルトナエスとハラルド・ウィルドハーゲンが1927年に事務所に入所。
11. X. [--] UA 21.10.1928*

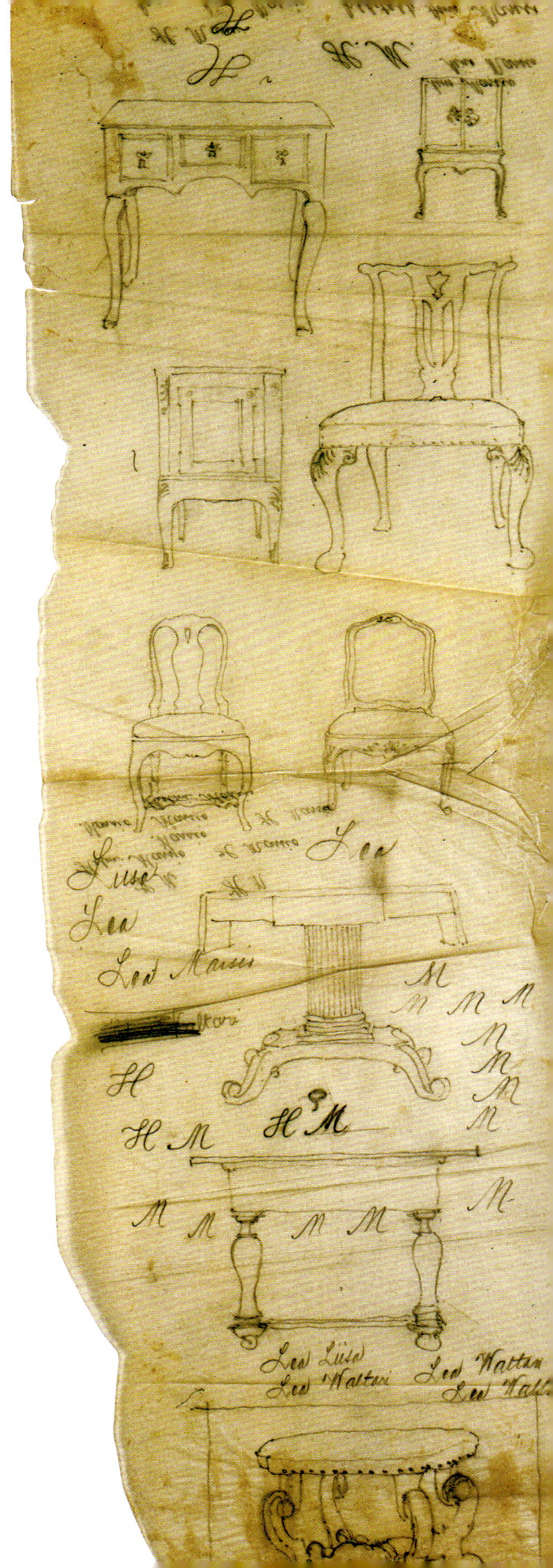

右：家具のスケッチ。アイノ・マルシオ。

下：「ハーメ学生協会のバンケット・ホール」のラウンジ。アイノ・マルシオ=アールト、アルヴァ・アールト、1924年。

トゥルクの「南西フィンランド農業協同組合ビル」（アルヴァ・アールト、1927〜1928年）にある「アールト邸」。カーペットはアイノのデザイン。マルセル・ブロイヤーのテーブルと椅子は、この家のためにドイツにオーダーしたもの。

は、冒頭が複数形の人称で書かれている点で注目される。「われわれは住宅のインテリア・デザインに、装飾は使わないように考えてきた[12]」。ここで言う「われわれ」とは、アルヴァと一緒に働く、妻を含めた全員を意味している。このころアールト夫妻は情報と刺激を求め、新しい発見をするために、ヨーロッパ大陸やスウェーデンに機会を見つけては一緒に旅をした。

これらの旅から得た新たなモダニズムのデザイン原則が、アルヴァに本物の創造への熱意をもたらした。その転換点となるもっとも重要な建築作品が、「パイミオのサナトリウム」であり、これは全体がアールト夫妻によってデザインされた総合芸術となった。ここでまた、アイノはどれだけ貢献しているのかという疑問が生じる。しかし私たちは再び、確固とした答えを見つけられないまま置き去りにされる。このプロジェクトを発表した『アルキテヘティ』[13]の記事で、アルヴァはアイノの名前を筆頭に、この仕事に参加した建築家の名前を列挙している。

12. X. [--] UA 21.10.1928*
13. Aalto 1933, p. 86*

上：「パイミオのサナトリウム」のオフィスの机とソファはアイノによって、アームチェアはアルヴァによってデザインされた。

下：レセプション・ホール。靴収納庫の前の金属製の椅子はアイノによるデザイン、1932年。

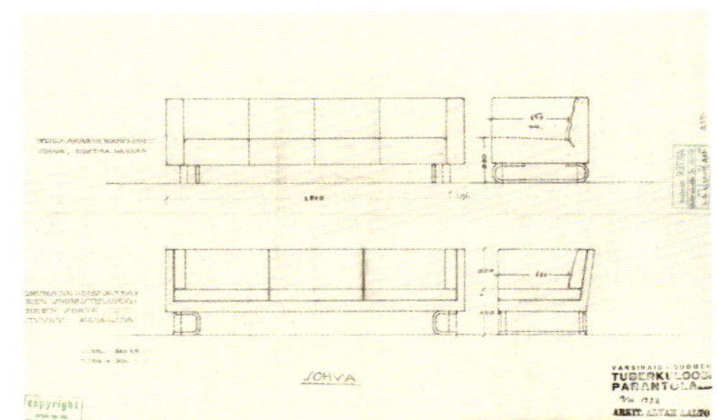

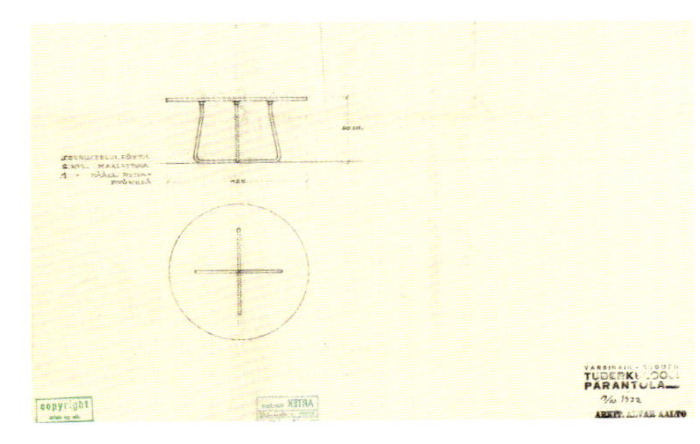

上：「パイミオのサナトリウム」のソファ。アイノ・アールト、1932年。

下：テーブル。アイノ・アールト、1932年。

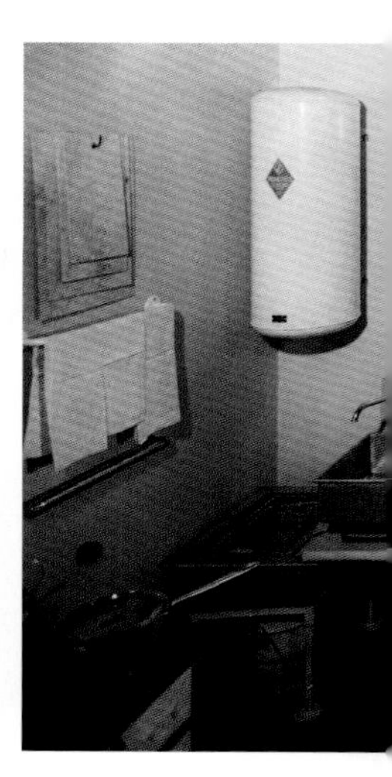

左上：1930年ヘルシンキでの、フィンランド工芸デザイン協会の「最小限住宅展」。寝室。「ユニバーサル・デスク」と引出し棚はアイノ・アールト（1930年）、椅子はアルヴァ・アールトのデザイン（1929年）。

上中：同展のアイノによる手押しの屑入れ。

上右：同展のアイノのプランにより配置されたキッチン。右の戸棚はリビング側からも開けられる。

アールト夫妻の作品を区別して記した明らかな記録が少なくともひとつある。それが1930年にヘルシンキで開かれたフィンランド工芸デザイン協会の「最小限住宅展」のカタログである[14]。アイノとアルヴァはキッチン、リビング、寝室からなるモデル住宅のインテリアをデザインし、このうちアイノは、キッチン用のゴミ容器、キッチン・シンク、手押しの屑入れ、食器棚、シリアル容器をデザインした。雑誌の評では、特にキッチン家具が評価された[15]。アイノのデザインが称賛されたのである。さらに彼女は、ダイニングテーブル、リビングのためのキャスター付きの戸棚、寝室のための「ユニバーサル・デスク」とカーテンをデザインした。写真を見ると、ダイニングテーブルのシンプルさ、明快さは寝室のデスクとよく似ている。また、ダイニングの「キャスター付き戸棚」は「ユニバーサル・デスク」の引出しと同じアイデアで、クリアラッカーとペンキの両方のバージョンが展示された。この「キャスター付き戸棚」は「パイミオのサナトリウム」にも使われており、キッチンとダイニングを分ける間仕切りとしての機能をもち、かつ両側から開けることができる実用的なアイデアである。アイノは後に、これと同じ戸棚をヘルシンキ、「リーヒティのアールト邸」にも、ガラスの開き戸を合板の引戸に替えてデザインしている。この1930年の展覧会では、アイノがモダニズムのデザインを採用したことがわかる。あらゆるものが実用的、機能的でなければならない、しかしそれは快適さや美を排除するということではない。逆に、機能的なもののみが美しいのである。

「最小限住宅展」では、合板の座面にメタル脚のモダン・チェアも展示され、カタログにはアイノ・アールトのデザインと記されている[16]。大成功を収めた合板、あるいは無垢の木でできたフレキシブルなアールト家具の始まりである。これらの家具を作るためには、それを可能にする技術の発明が必ず伴い、関連する特許はアルヴァ・アールトに与えられた[17]。

14. Pienasunto? Näyttelyluettelo 1930, pp. 27-30*
15. -r[--]HS 6.12.1930. Blomstedt 1930, p. 191*
16. Pienasunto? Näyttelyluettelo 1930, p. 28*
17. アルヴァは家具製作方式に関する5つの特許を獲得した。すなわち1932年のメタル脚のチェア、1934年の曲げ木の技術とそれによる製品（例えば、L型脚）、やはり1934年の家具その他の製作技術とそれによって作られた椅子や家具（例えば、「パイミオ・チェア」）、1946年の曲げ木の技術とそれによる製品（例えば、Y脚の家具）、1954年の曲げ木の接合技術（例えば、X脚の家具）。フィンランド・パテント16222, 18256, 18666, 23421, 28191

上中：ヘルシンキ、「リーヒティのアールト邸」（1935～1936年）の戸棚。

右上：1930年ヘルシンキでの、フィンランド工芸デザイン協会の「最小限住宅展」。リビングの小ダイニングセット。テーブルはアイノ、椅子はアルヴァのデザイン。

左下：アイノのデザインによる個人住宅の家具。ヘルシンキ、1935年。家具のほとんどはアールト家具。右はアイノによる戸棚。

ホーム・インテリア・インダストリー

1930年代初頭のフィンランドでは、工場生産家具とインダストリアル・デザインという課題が広く注目を集めていた。これはもともと1930年ヘルシンキの「最小限住宅展」の際に出された課題でもあった[18]。アイノもまた、この課題に関心があったことは疑いがない。そのため彼女は1934年秋に「スイスとフランスの家具およびインテリア・デコレーション工場の調査旅行」の奨学金に応募している[19]。

アイノはアルヴァとともに1935年の夏、アムステルダム、ブリュッセル、パリそしてチューリッヒを旅していることが[20]、彼女の旅行日誌に記されている[21]。

アイノが特にテキスタイルとインテリア・デコレーションの素材に興味をもっていたことは、旅行日誌に書かれているメモからもわかる。メモには主に、モロッコのカーペットの「ゼブラ柄」プリントなどの生地や椅子の張り地、リヤー

18. カタログのまえがきで、アルヴァは記している。「…が、例えばシリーズで生産する生産者側とプラン、デザインする個人や展覧会の主催者との間の、建設的な協力関係へと導いてきた」。Aalto 1930, p. 1* 展覧会の出展者にはアールト夫妻のほか、エリク・ブリグマン（1891-1955）、ウノ・ウルベルグ（1879-1944）とパウリ・E・ブロムシュテット（1890-1935）などの建築家がいる。
19. アルフレッド・コルデリン財団の委員会へのアイノ・マルシオ=アールトの奨学金応募書類。1934年9月10日。HYK Coll.106.47.1934 III taide
20. Sisustusteollisuuden tekstiilitöissä havaittavissa ulko-eurooppalaisia vaikutteita. UA 10.7.1935.
21. アイノの旅行日誌の最初の記事は、「6月12日飛行機の中」。プライベート・アーカイブズ、トゥルク。

22. 旅行の後、新聞のインタビューに答えて、アイノによってこの言葉が使われた。記者の言葉ではないと考えられる。UA 10.7.1935* Asuntotarviketeollisuus pyrkii määrätietoisemmin tyydyttämään sosialisetkin vaatimukset. Sos. dem. 14.7.1945*
23. アルテックの設立契約書は1935年10月に調印された。サインしたのは、アイノとアルヴァ、マイレ・グリクセン（1907-1990）と美術批評家ニルス＝グスタフ・ハール（文学修士、1904-1941）である。アルテックの目的はアールト家具の輸出と市場取引を担当し、広範かつ総合性を基本とするインテリア・デコレーションとインテリア・デザイン会社として、活動することにある。家具、ガラス製品、テキスタイル、その他インテリア・デコレーションのさまざまな品目がアルテック・ショップの取り扱い品目である。創設者たちはモダンアートに親しく、アルテックの日程には、アート展を組織することも含まれていた。デザインと工芸の展覧会は、アルテックの活動範囲の一部であった。

織りの織地やレザーなどについて書かれている。ヨーロッパ大陸のマーケットに出回っているエスニック素材にアイノは魅了され、それらの素材と使用方法について記している。その他飛行機、ホテル、友人知己の家、企業の建物、展覧会など、あらゆる場所についての観察も記録されている。それはさまざまな色や壁の素材、観葉植物も興味の対象であったことを示している。

旅行日誌の最初のほうのページに、おそらくは旅行中に思い至ったのだと思うが、工芸を扱う“taideteollisuus（アート事業）”という言い方について、フィンランド語のこの言葉は適切でないとし、彼女は“sisustus-tarviketeollisuus（インテリア・デザイン用アイテム事業）”という表現のほうが適切だと論じている。しかしこれだと長過ぎるので、帰国後、彼女はこれを“sisustusteollisuus（インテリア・デザイン事業）”または“asuntotarviketeo-llisuus（ホーム・インテリア事業）”と呼ぶことを提案した[22]。

合理的なホーム・インテリア製品センター

アルテックは1935年後半に設立されたが[23]、まさに設立当初からアイノにとっての仕事の場になった。彼女はこの「ホーム・インテリア・インダストリー」にフルタイムで打ち込み、アート・ディレクターとして確固とした美意識をもってアルテックを引っ張り、それがインテリア・デコレーションの初期「アルテック様式」

左頁：「スニラ製紙工場」（アルヴァ・アールト、1936〜1938年）。社長室。インテリア・デザインはアイノによる。

上：会議室。インテリア・デザインはアールトによる。

をつくった。そのコンセプトは、本物の材料、明確なデザイン、実際的な解決策、国際的なセンス、そしてモダンアートである。1941年にニルス=グスタフ・ハールが亡くなってからは、アイノは1949年1月まで、経営者としての舵取りも行ったのである。アルテックでは、選り抜きの専門スタッフがアシスタントとして彼女を助け、インテリア・デザイナーのマイヤ・ヘイキンヘイモは彼女に最も近い協働者であった。

アルテックの設立直後にそのデザイン部門は、アルヴァが設計した建築のインテリア・デザインの委託を受けた。アイノの洗練されたデザイン能力が発揮されたのは、「スニラ製紙工場」本社オフィスのロビー、会議室、社長室のインテリア・デザインにおいてである。アイノは、アルヴァのデザインしたスタンダードな家具も利用したが、ほとんどの家具は彼女自身により新たにデザインされ、これがアルテックの標準的なやり方になった。アールト家具も使うが、何か他のものが必要なときはほとんどの場合、アイノ自身がデザインしたのである[24]。こうした過程を経て生み出された家具は、アルテックで生産し販売するスタンダード・モデルになった。

「スニラ製紙工場」本社オフィスのロビーのためにアイノがデザインした家具としては、少なくともレザーの張り地のソファ、新聞雑誌棚、受付テーブルがある。会議室には、長いファイリング・キャビネット、会議テーブルとチェアが

24.「スニラ製紙工場」のための1938年の記事から、アルヴァはアイノのことを、アイノ・マルシオ=アールトから、アイノ・アールトと表記するようになる。「オフィスのインテリアは建築家アイノ・アールトによってデザインされた…」Aalto 1938, p. 160*
これまでもアイノがダブルネームを計画的に使っていたわけではない。かなり偶発的な使い方である。ドローイングやプランにイニシャルが書かれるときは、ほぼ常にA.M.-Aである。A.A.だとアルヴァ・アールトのイニシャルに読めてしまうからだろう。

上：「スニラ製紙工場」のエテラ=カイミ・ハウジング・カンパニー（EKA）によって建てられた労働者住宅のインテリア・モデル。1939年のフィンランド・ハウジング・フェア、ヘルシンキの展示ホール。アイノ・アールト。

122-123頁：「ヴィラ・マイレア」、アルヴァ・アールト、1938〜1939年。インテリア・デザインはアイノ・アールト。

デザインされた。社長室の家具は、ビジネス仕様に装飾を抑えたデザイナーのコンセプトが表れている（デスクとチェア、アームチェア、ソファ、造り付け棚）。この部屋全体のインテリアは、仕事上の大事な決断をするときのための、威厳のある整然とした印象を与える。

他のインテリア素材も慎重に選定されている。ロビーの最も大きな壁面には、ジョイント部に垂直の当て木をアクセントに施したクリア塗装のカバ材の合板が使われ、家具はカバ材で張り地は染色しないレザーでできている。床材はカシである。会議室にはニレ材が、ラジエーターのガラリや広幅の窓台にも使われていて、カーテンはシルクである。社長室にはブナ材、レザー、シルクのカーテンといった、品格のある素材が使われていて、壁は防音材として自然色のコルクで仕上げている。こうした素材の選択によって品格のあるインテリアが強調されている。

「スニラ製紙工場」本社オフィスの家具、デスクやチェアにはアルテックの製品が使われ、そのリストが会社のカタログに掲載された[25]。アイノがこの建物のためにデザインした家具は、他に類のない重要な作品である。

「スニラ製紙工場」のクライアントかつデベロッパー、アールストレム社の社長はハリー・グリクセンで、彼はアルテック創設メンバーのひとりで筆頭株主のマイレ・グリクセンの夫でもある。グリクセン夫妻は若くリベラルで、モダン

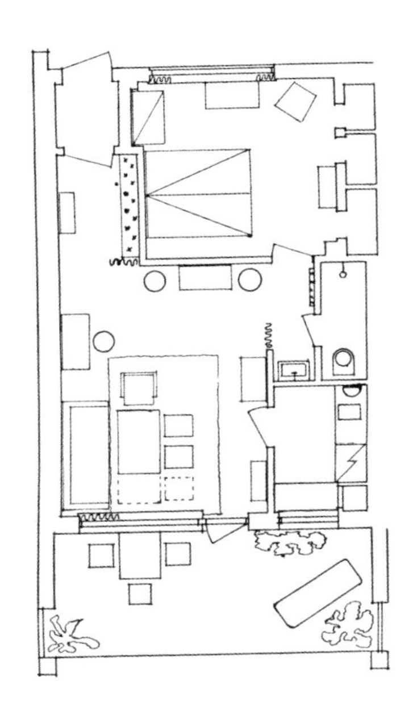

左上：「スニラ製紙工場」のEKAによる労働者住宅のためのインテリア・デザイン。アイノ・アールト、1939年。

右上：同労働者住宅。段状テラスハウス。アルヴァ・アールト、1938年。

アートや建築のパトロンでもあった。彼らの住まい、ノールマルクの「ヴィラ・マイレア」は、アルヴァが建築を、アイノがインテリアをデザインした、20世紀の最も優れた建築作品のひとつであることは間違いない。

しかしアイノのインテリアは、邸宅やオフィスビルだけにとどまらず、社会的な意識の高さから、労働者住宅にも関心を寄せた。そうした「最小限住宅」をハウジング・フェアで発表している。そのひとつが1939年のヘルシンキでのフィンランド・ハウジング・フェアで理想のインテリア・デザインとしてアルテックが提案した「スニラ製紙工場」の労働者住宅である[26]。ふたつの寝室とキッチンから成るモデル住宅の核にはリビングとダイニングが一緒になったエリアがあり、アイノがデザインしたスタンダードなアールト家具が使われている。自然色のカバ材のエクステンション・テーブルの周囲にも、アイノがデザインしたチェアとソファが置かれている。椅子の座面と背もたれには、乗馬の鞍に使うベルトの革を編み込んでいる。

シンプルな木製フレームのソファの張り地は花模様の生地である。テーブルにはアイノがデザインしたガラス器が置かれている。当時としては極めてモダンなインテリアで、居心地は良く、実用的でもあったが、フィンランドの労働者はこうしたモダンなホームデコレーションをあまり好まなかった[27]。アイノがデザインしたと思われるもうひとつの魅力的なホームインテリアは、ヘルシンキ

25. Artek No 2, s.a.*
26. アルヴァ・アールトの設計で、エテラ=カイミ・ハウジング・カンパニー（EKA, 住宅を所有する会社）によって開発された、「スニラ製紙工場」地区の労働者住宅、1938年。いわゆるテラスハウスのためのインテリア・モデルがデザインされたのである。
27. Mikonranta 2002, p. 82*

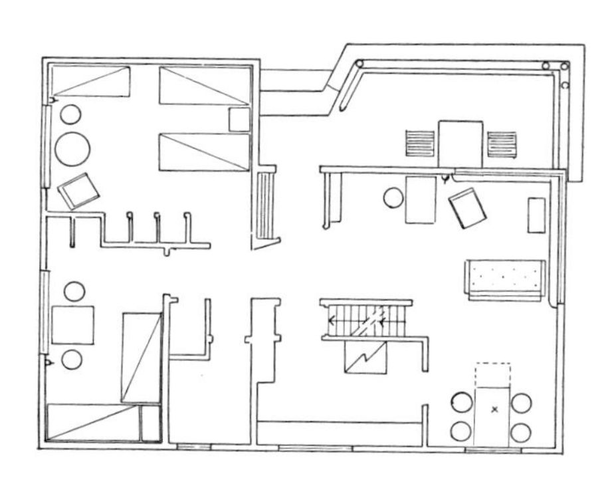

左頁上：ヘルシンキのピルッコラ地区の小住宅のためのインテリア・モデル。1939年フィンランド・ハウジング・フェア。アイノ・アールト。

左頁左下：同地区に建つ規格住宅。アールストレム社によって生産され規格化された。アルヴァ・アールト、1939年。

左頁右下：同地区に建つ木造小住宅のインテリアプラン。1939年フィンランド・ハウジング・フェア。アイノ・アールト。

のピルッコラ地区に建つ木造の小住宅で、同じハウジング・フェアに出展された[28]。この住宅はアルヴァがデザインした一連の規格住宅のひとつである。ここで使われた主な家具は、アイノによる背面もきれいに仕上げたパイン材のソファで、部屋をダイニング・エリアとラウンジ兼ワークスペースに区切るのにも使われる。他にアイノがデザインしたのはデスクで、それ以外は、アールト家具のスタンダード・モデルが使われた。窓には格子縞のカーテン、床には伝統的なフィンランドのラグが選ばれた。家具配置を見るとアルテックのインテリアはどんな小住宅にも適用できること、そしてさまざまなスタイルを取り込むデザイナーのトータルな考え方がわかる。住宅の外部と内部が齟齬をきたしていないのは、木造の小住宅の内部に宮殿のようなデザインを施していないからである。アイノはこのことに関連してこう話している。「この展示では単に労働者用モデル住宅を提示しただけでなく、住宅に適用できる、これまでとは違うインテリア・デザインの考え方を示しました。つまり高価な家具セットを購入しなくても、今ある廉価な家具だけで、花やカーペット、織地や色彩の助けを借りることによって、今までよりずっと実用的で快適な住宅をつくれるということです[29]」。この新聞のインタビューで、アイノが小住宅のためのモデル・インテリア・デザインについて語った内容は、1936年にヴァルカウスで行われたハウジングについてのセミナーに関連して準備されたものである[30]。

ハウジング・フェアでは、アルテックはアイノのディレクションの下、他にも多くの展示を行った。万国博覧会とミラノ・トリエンナーレ[31]はこの当時、最もよく知られたイベントで、文献にもよく取り上げられてきた。これに関してはアルヴァの名前だけが言及されることが多いが、実際は、会場構成はアイノのディレクションの下、アルテックがデザインしたものである。1936年の第6回ミラノ・トリエンナーレのアルテック・パビリオンのデザインで、アイノはグランプリを獲得している[32]。彼女はまたガラス器でもゴールド・メダルを獲得した[33]。

アルテックの展示は他の展示よりも広く注目を集め、特にスウェーデンの新聞が大いに関心を寄せ[34]、これがきっかけとなりハウジング工芸展“Vi bo i friluftsstaden”がスウェーデン工芸デザイン協会によって企画された。この展覧会には北欧諸国がみな参加し、1944年の晩夏にマルモで開かれた。ガーデンテラス付きの4、5室の住宅のインテリア・デザインが、出展者に与えら

28. アールストレム・ハウス工場で生産された構成部品からつくられ、その当時の道路の名前、プロティ通りとペタクセンティ通りが交わる角地に建てられた。
29. Yhteiskunnallisista kysymyksistä ensimmäinen: miten asumme? NP 6/1936*
30. 同上。
31. 1937年パリ万国博覧会、1939年のニューヨーク万国博覧会、そして1933、1936年のミラノ・トリエンナーレ。
32. Finland tog Grand Prix i Milano. HBL 30.10.1936.
33. ティモ・ケイナネンがガラス・デザイナーとしてのアイノ・アールトについて優れた記事を書いた。Keinänen 1988, 2002*
34. スウェーデンが関心を示したことについては、フィンランドの新聞も記した。Ääri HS 29.8.1944.

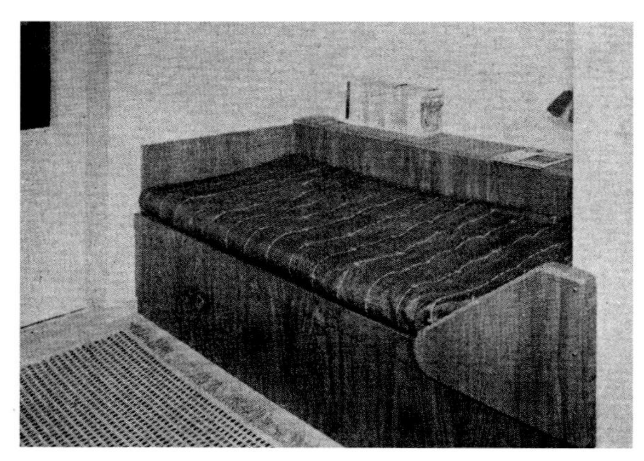

左上：マルモのハウジング工芸展“Vi bo i friluftsstaden”。リビングルーム。インテリア・デザインはアイノ・アールト、1944年。

左下：ガーデン・イージー・チェア。アイノ・アールト。

右上：主婦の寝室。リネン戸棚はアイノのデザイン。「クローゼットno.217」として、アルテック製品のスタンダードになった。

右下：主寝室。アイノ・アールト。

右頁：1936年の第6回ミラノ・トリエンナーレのアルテック・パビリオン。テーブルの上には、賞を獲得した、アイノによる「ボルゲブリック」のガラス器が置かれている。

れた課題であった。アイノのデザインには特筆すべき新しいアイデアが含まれている。「フィンランドの展示は、建築家アールトが考えた、小住宅のスペースの問題を解決する新しい家具配置の提案が話題になった。それは固定家具をリビングと寝室両方の壁際に設置することで動線部分が広くなるというものである。ソファや戸棚その他はサイズをフレキシブルにすることにより、改装するとき新しい寸法に合わせることができる[35]」。こうすることで新しく家具を買わなくても改装が可能になる。経済的で実用的なアイデアで、これは現代でも適用できるものだ。

マルモでの展覧会のためにアイノは、スタンダードなアールト家具とともにこれまでにデザインした家具を使い、さらにこのインテリアにふさわしい新しい家具もデザインした。厳密には、どの家具が新たにデザインされたものだろうか？ 残されたドローイングとプランの比較から推測すると、おそらくリビングのソファ、ベッド、子供用ベッド、鏡、引戸のついたリネン戸棚が、新しくデザインされた家具だと思われる[36]。ガーデン・チェアは前にデザインされたものかもしれない。これらの中で子供用ベッド、引戸のついた寝室の戸棚、鏡、ソファ、ガーデン・チェアは、アルテック製品のスタンダードになった。

適切なテキスタイルを選び出すことは、質の高いインテリア・デザインを構

35. Ääri HS 29.8.1944.
36. 1944年、フィンランドはソ連との戦争の真っただ中で、日常生活に関わる全てのことが、コピーをつくることさえ、ほとんど不可能な状況であった。従ってアーカイブズの素材の欠落は理解できる。

上：「リーヒティのアールト邸」、ヘルシンキ、アルヴァ・アールト、1935〜1936年。大きなテキスタイルで覆われたスタジオの壁。

右頁：「リーヒティのアールト邸」。柔らかい布地に木の押縁で縁取りしたダイニングの壁。

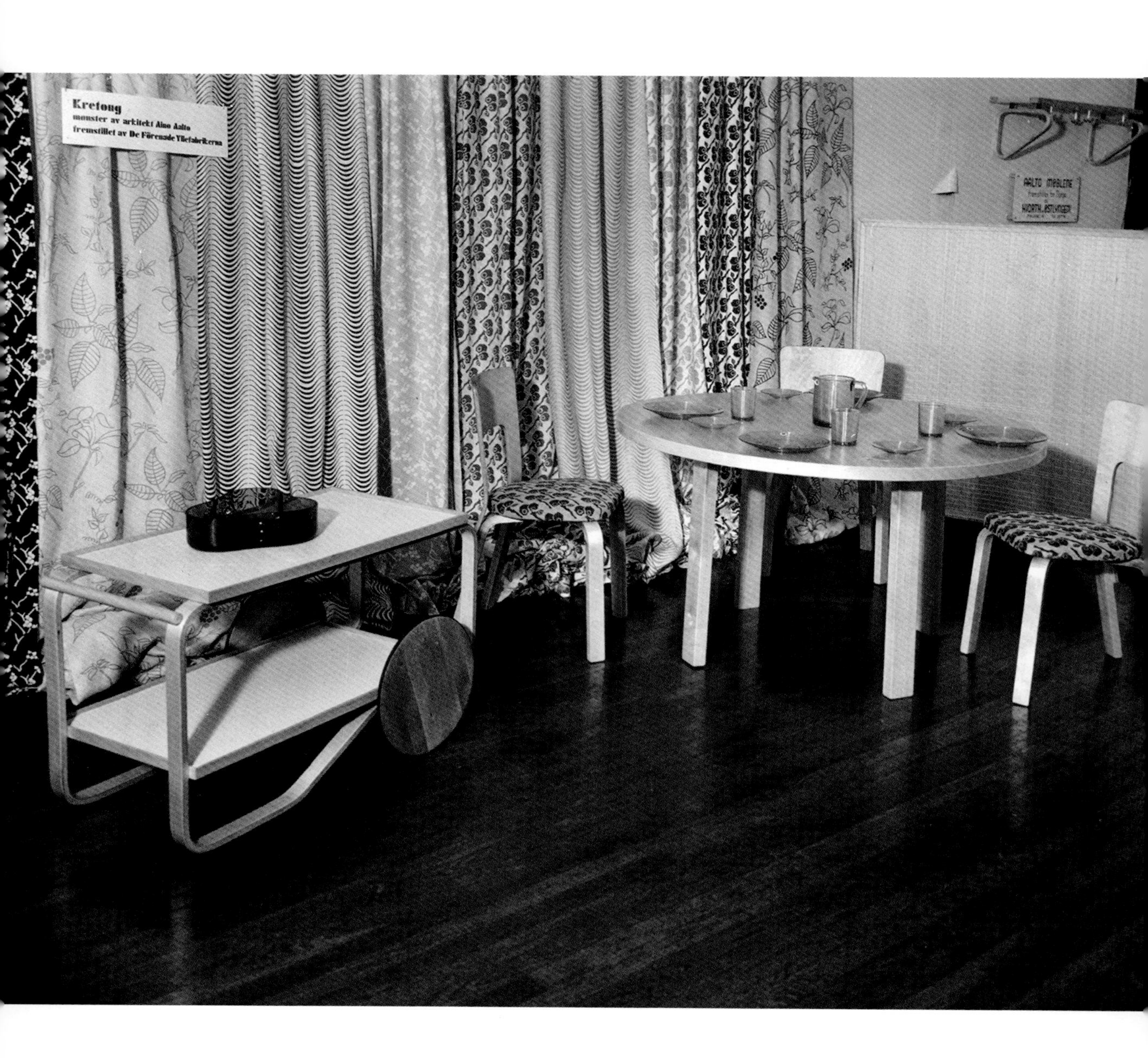

1938年ノルウェー、オスロで行われたアールト展。写真の布地はアイノのデザインで、ヒュヴィンカーの羊毛組合工場製である。

「エーネコスキ教会」。アールト事務所による改修、改装(1924年)。祭壇の布地と説教壇のテキスタイルはアイノによるデザイン。

成するために不可欠な要素である。アイノは『アルキテヘティ』に発表された展覧会についての記事の中で、テキスタイルについて詳細に記している。グリーンの基本色のリビングのカーテンはカイ・フランクがデザインしたプトキノッコ・プリントである。大きな茶と白の毛足の長いカーペットはヴィオラ・グラステンのデザインで、スウェーデンのテキスタイル・デザイナー、エルサ・グルバーグのスタジオで製作されたものである。主婦の寝室のカーテンは合成シルクの薄いネット、ベッドカバーも合成シルクで作られており、いずれもフィンランドのドラ・ユングのデザインである[37]。戦時中、張り地の代替品としてフィンランドで開発された紙の生地でさえ、デザインはプロが行ったとアイノは記している[38]。当時のフィンランドでは素材については妥協せざるを得なかったが、デザインの水準については、アルテックは決して妥協しなかった。

キルシカン・クッカ(桜の花)、その他の布地

モダニズムのインテリア・デコレーションには、テキスタイルが特別な役割を担った。モダニズム建築の飾り気のない平坦な表面を引き立てるために、目立つ素材が使われた。手織りの生地は特に強いので、家具の張り地にもよく使われた。目を引くカーペット、厳選されたクッションやカーテンは、インテリア・デザインには欠かせない要素である。多くの場合、壁もまた「粗い」手織りの素材で覆われた。アイノのインテリア・デザインの中で、この優れた例が「リーヒティのアールト邸」のダイニングのスエードの布地と、天然繊維を織った、事務所の壁紙である。

アイノのテキスタイル・デザイナーとしての最初の作品は、記録が残されているものとしては、アルヴァと一緒に手がけた初期の教会の改修に関してのものである。「エーネコスキ教会」の小冊子には、祭壇の布地と説教壇のテキスタイルは「建築家アイノ・アールトによって、見事にデザインされた」と記されている[39]。やはり1920年代にアイノによってデザインされたウールのカーペットについての記録も残されている[40]。

アイノがインテリアに使ったカーペットとマットの中には、マルモのハウジン

37. Aalto, Aino 1944*
38. Gritt. [--] DN 22.8.1944*
39. 「エーネコスキ教会」, KSML 23.9.1924.
40. アイノの娘ヨハンナの回想によれば、「トゥルクのアールト邸」のカーペットはアイノのデザインである。ヨハンナ・アラネンの私信、2000年11月9日。AAS
手紙と一緒にアイノのデザインしたカーペットのサンプルが送られてきた。フィンランド・クラフト・ミュージアムのアーカイブズには、アイノによる毛足の長いラグのデザインがある。SKM(フィンランド・クラフト・ミュージアム)、キッカ・ラグ・ファクトリー。P0355/0705

左:アームチェア(1937年か?)と張り地。アイノ・アールト、小さな花のモチーフのプリント布地の名前は不明。

右頁:プリント布地「無題」、アイノ・アールト、1936年。

グ工芸展と同じように、他のテキスタイル・デザイナーによってデザインされたものもあるし、伝統的なハンドクラフトによるものもある[41]。ヨーロッパで流行していたモロッコのカーペットを初めて紹介したのはアルテックである。アイノは旅行日誌の中で1935年にこのカーペットに言及し、アルテックが発足した1936年10月には、このモロッコのカーペットを披露している。売り場で販売したほか、自分たちのインテリア・デザインにもずっと使い続けた。数年後、モロッコの製造業者から直接仕入れるようになる[42]。

アイノはまた、家具の張り地も慎重に選んでおり、そして自身でもウールの布地を少なくともひとつはデザインしていることがわかっているが[43]、アイノのこうしたデザイン分野に関しては、まだ明らかになっていないことも多い。

一方、彼女のプリント布地のデザインについては、もう少しわかっている例もある。それは1936年のミラノ・トリエンナーレで最初に展示されたものについてであり、「キルシカン・クッカ(桜の花)」そして「無題」として知られているプリントである。「キルシカン・クッカ」は木綿地にプリントされたもので「無題」は麻の布地へのプリントである[44]。その後、「レーティ(葉)」、「A.A.」というデザインを発表しているが、これらの布地は、南フィンランドのヒュヴィンカーにある羊毛組合工場で生産された[45]。これらのプリントのデザインは、自然をモチーフにしたそのパターンに特別なリズムがあり、存在感がある。

「キルシカン・クッカ(桜の花)」のインスピレーションがどこから来たかはわかっている。1933年ごろ、アイノとアルヴァはフィンランド公使の市河彦太郎とその夫人かよ子と知り合い、アイノは市河夫人から桜の花をモチーフにした布地を贈られ非常に喜んだ[46]。「キルシカン・クッカ」は、日本のテキスタイル・アートとデザインに対するオマージュとして制作されたものである。

こうしたプリント布地はアルテックで販売され、さまざまなインテリア・デザインのプロジェクトで用いられたほか、張り地としても使われた。

41. Snellman 1933, p. 1626*
42. ベン・アフ・シュルテンの私信、2001年1月19日。インテリア・デザイナー、建築家のベン・アフ・シュルテンは1976年からアルテックの美術監督である。
43. アイノから Yhtyneiden Villatehtaiden(羊毛組合)工場のエンジニア、ヴェイノ・ドナーへの手紙、1935年11月6日。AAS
44. S. [Signe] T-lt [Tandefelt] HBL 17.5.1936*
45. アールト事務所のフォト・コレクションに1938年オスロのアールト展の写真がある。展覧会の小冊子にはアイノ・アールトがデザインし、羊毛組合工場が製作したクレトン(厚手の木綿のプリント布地)のテキスタイルについて言及している。AAS n/1
46. ヨハンナ・アラネンからの2000年11月9日の私信に基づく。

プリント布地「A.A.」、アイノ・アールト。
1938年か？

47. Setälä 1930, p. 29*

48. 「テント・ベッド」の開発にはマイヤ・ヘイキンヘイモが参加している。1938年9月22日の最初の案にはアイノ・アールトのサインがあり、1949年8月16日の変更案はマイヤ・ヘイキンヘイモによる。AAドローイングス・ナンバー21.19と21.15。

49. 製品カタログ：アルテック。Terveys- ja lastentalojen huonekaluja s.a., s.l. こうした子供用福祉施設のための家具のカタログは1950年に発行されたと思われる。

インテリア・デザインの一部としての照明器具

アイノは照明器具もデザインしている。その作品は、主にシーリングライト、テーブルライト、フロアライトである。その多くは今でも使われていて、例えば「ヴィラ・マイレア」には、大きなダイニングテーブルの照明器具、ガラス製のシーリングランプ、そしてマイレ・グリクセンのスタジオには、木製シャフトのフロアランプがある。アイノによってデザインされた照明器具は、部屋の中央に置かれるように意図されている。

広い視点を持った建築家そしてデザイナー

アイノのディレクションにより、アルテックは、病院や子供の福祉施設、幼稚園などの特別なプロジェクトのインテリア・デザインも行っていた。これらの仕事には施設の機能への知識を要したが、アイノは教育学について興味があり、マリア・モンテッソーリの理論によく通じていた。かつて幼稚園の教師を目指したこともあり、卒業ディプロマには幼稚園のデザインを選んでいるほどだ。「パイミオのサナトリウム」のプロジェクトでは、最終段階で彼女は病院の運営に参加しており、アイノの社会的意識の高さがこのプロジェクトでも良い結果をもたらした。居心地のよい環境をつくりたいという思いが、彼女には特に強かったのだ。

アイノが最初に子供用家具をデザインした1929年にはまだ、子供用家具は、特に上流階級の人びとにとっての大きな関心事であった。彼女による保育園のインテリア・デザインが、その年のフィンランド工芸デザイン協会の年次展覧会に展示されている。ベッド、ふたつのテーブル、椅子、壁付きの戸棚、自立棚からなるセットである。ホーム・インテリアのスペシャリストである建築家のサルメ・セタラはこれらの家具について次のように話している。「極限までシンプルにデザインされた形態によって家具は簡単に掃除することができる。小さな戸棚は子供たちが整頓と掃除を学ぶのに適した形態をしているが、壁付き戸棚は非常に背が高いので、子供の手には届かない。低いテーブルの危険なエッジはゴム管で縁取りされ、繊細かつ安全である[47]」。この家具セットは販売されたが買い手がつかなかったので、アールト邸の子供部屋に引き取られることになった。後に、少なくともテーブルと椅子は工場生産され、それは1940年代まで続いた。しかしメタル脚の小さな椅子は、生産する前に木製の脚に変更された。

アイノは他にもたくさん、長年生産され続ける子供用家具の製品をデザインしている。例えば「カルフラ子供の家」にデザインした昼寝のための「テント・ベッド」である[48]。ベッドの寝台はキャンバス地で、両端は取り外しのできる棒状のパーツで留まっている。昼寝の後、遊びの場所を確保するためキャンバスを巻き上げ、端部にまとめてベンチとして使うこともできる。優れたデザインで、1950年代までアルテックのスタンダードとして残った[49]。「カルフラ子供の家」の魅力的なインテリアは、子供たちのことをトータルに考えた視点で、そして子供たちが学ぶことを手助けするようにデザインされている。

幼稚園や子供の福祉施設のためにアルテックは、アイノがデザインした家具をベースにして子供用にデザインし直した家具を多く採用している。例えばL字脚のテーブルは、子供の健康診断や身体測定のために、既存のテーブルに小さな変更を加えたものだ。またアールト・チェアとテーブルは、子供の寸法に合わせて作り替えられた。アイノとアルヴァのふたりが、これらの家具アイテムのデザイナーといえる。この他キャスターのついた引出し戸棚もアイノによって新たに開発された。

プリント布地「キルシカン・クッカ（桜の花）」。アイノ・アールト、1936年。

上：「ヴィラ・マイレア」のダイニングの照明器具。アイノ・アールト、1937年。

右頁：照明器具。アイノ・アールト、1937年か？

「美は機能と形態のハーモニーである[50]」

アイノにとって、機能主義とその形態言語という新しい考え方を受け入れることは難しいことではなかった。機能性、シンプルさ、明快さは、彼女の出発点でもあった。彼女はアルテックの活動を通してフィンランドにおけるモダニズムのインテリア・デザインを確立することに貢献した。ハウジング・フェアやインテリア・デザイン展が、この新しい潮流を広く公に伝える場となった。

モダニズムは家具のあり方をも変貌させた。それまで注文に従って作られていた家具のセットは、今や「コンビネーション・タイプ」と呼ばれる組み合わせのきく個別のアイテムに取って代わられ、インテリア・デザイナーやインテリア・デコレーターにとっては、これらのものをどう組み合わせ、機能させるかという創造性が重要になった。「コンビネーション・タイプ」はとくに小住宅に適していたが、邸宅や公共施設でもやはり、腕のあるデザイナーがこの方法で優れたインテリアをつくりだした。こうした流れの中でアイノが手掛けた秀逸な作例は、ほとんど改修されることなく使われた「スニラ製紙工場」の本社オフィスのインテリア、ヘルシンキのノスタルジックな「レストラン・サヴォイ」、ノールマルクのチャーミングな「ヴィラ・マイレア」である。

社会改革家からの人気を得た機能主義は小住宅にも焦点を当てていて、ハウジング・フェアやインテリア・デザイン展ではその課題への模範解答である「モデル住宅」がつくられた。アイノもこれらをつくった最初の人びとのうちのひとりである。彼女はリビングに家族が集まる居心地のよいスペースになるように家具を配置した。この考え方は少なくとも労働者住宅のインテリア・デザインとしては新しいもので、また小住宅のリビングに主役として布張りのソファが置かれたことも革新的であった。リビングがテ

50. X. [--] UA 21.10.1928.

左頁：幼児用家具。アイノ・アールト、アルヴァ・アールト。ヘルシンキでの1929年のフィンランド工芸デザイン協会の年次展覧会。

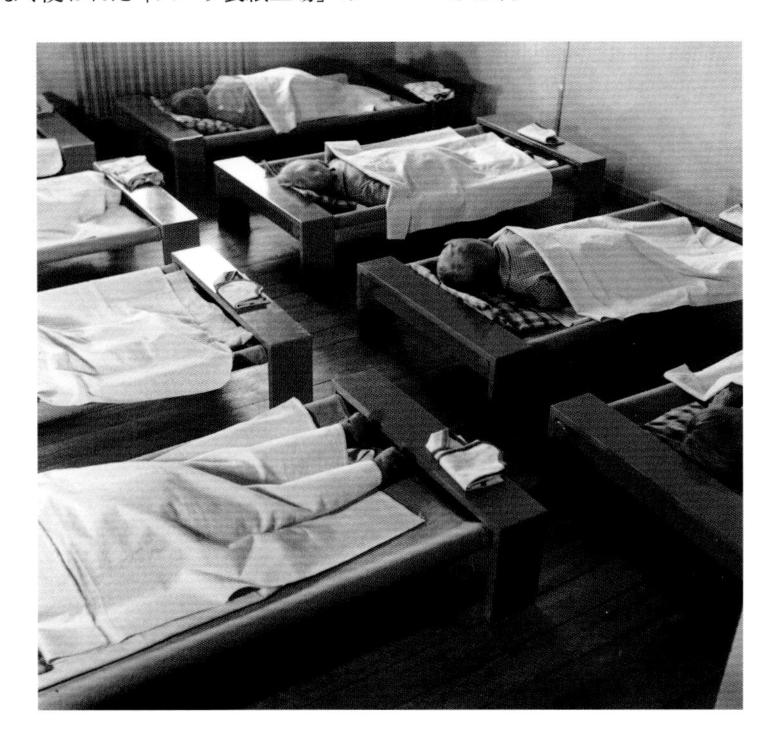

下：幼稚園のためにデザインされた「テント・ベッド」。アイノ・アールト、1938、1942年。

幼稚園用の洋服掛け。アイノ・アールト、
1938年。

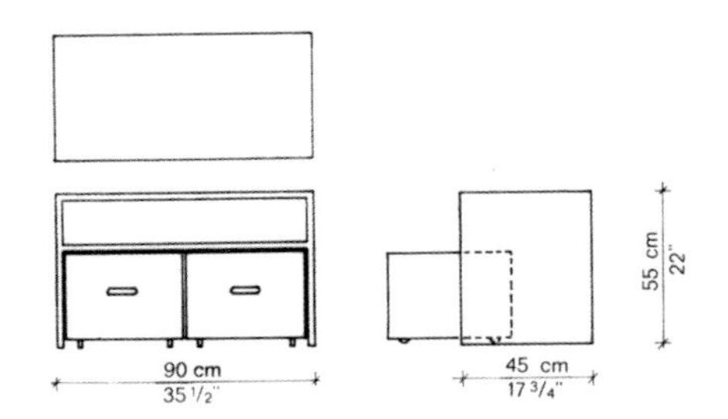

おもちゃ収納箱。アイノ・アールト、
1940年代。

51. Suomalaisilla huonekaluilla vientimahdollisuuksia. UA 24.9.1933*
X. [–] UA 21.10.1928*

レビに侵略される1950年代後半まで、フィンランドではこうしたかたちでソファが使われることはなかった。アイノは時代に先んじていたのだ。

アイノが単独でデザインした家具を評価するときに、アルヴァによる家具と比較することには意味がない。なぜならばアイノの家具の製造業者はアールトの名前のついた発明、つまり有名なアールト家具の製造技術を基礎にしていたためだ。比較するなら他の北欧家具とのほうが、より意味がある。両者に共通しているのは、そのほとんどに明るい色の木材が使われ、整然として目立たず、直線的で、日常の家具に求められる機能性を備えていることである。アイノのデザイナーとしての出発点にあったのは次のような考えである。「私たちは贅沢な家具をつくることには興味がない、それは簡単なことだし、そこにはなんの課題もないから……[51]」

左頁：ヘルシンキの「レストラン・サヴォイ」のインテリア・デザイン。アイノ・アールト、アルヴァ・アールト、1936〜1937年。

左下：マントゥハリュの個人住宅、1939年。マガジン・ラック（1938年か？）と戸棚（1935年）はアイノ・アールトによる。

右下：ストックホルムのフトゥルム家具店インテリア、1938、1939年。1930年代のスウェーデンにはアルテックと似たような会社が多くあった。

ガラス器デザイナー　アイノ・アールト

「カルフラ=イッタラ・ガラス器デザインコンペティション」

1932年、アイノ・アールトはカルフラ=イッタラ・ガラス器製造主催のデザインコンペティションに応募した。水差し、タンブラー、ボウル、皿、砂糖壺、クリーム入れなどからなる彼女の「ボルゲブリック」コレクションは、型押しガラスの部門で２等を獲得した。このコレクションは国外ではロンドンで1933年に、また1936年のミラノ・トリエンナーレで展示され、ミラノではゴールド・メダルを獲得した。このセットには徐々にさまざまな品目が加えられ、今なお「アイノ・アールト」シリーズとして生産されている。

1932年のコンペティションでは、花器と皿からなる「ABCD」セットでアートガラス器部門にも応募したが、これは入賞しなかった。

「リーヒメーエン・クッカ(リーヒマキの花)」

リーヒマキ・ガラス器製造が1933年に行ったコンペティションに、アルヴァとアイノは招待作家として参加した。ふたりの共同作品である「244」というテーブルウェアのシリーズは2等を獲得した。重ねると、花のような形になるシンプルかつ特徴的なガラス皿は、のちに「リーヒメーエン・クッカ(リーヒマキの花)」と呼ばれるようになる。

「マイヤ」

1936年秋、カルフラ=イッタラ・ガラス器製造はパリ万国博覧会のための、ガラス器の新しい使い方の提案とアートガラス器のデザインの招待コンペティションを行った。アイノは、チーズ皿カバー、コールドカット(ハム、チーズなどの冷菜)用の大皿2点、スイーツ用のボウル、ろうそく立てからなる「マイヤ」というシリーズを提出し、そのうちコールドカット用の大皿のみが製品化された。

ガラス器セット

1930年代、アイノは日常使いの型押しガラス器のデザインを続け、1936年のミラノ・トリエンナーレでは、タンブラー、水差し、ボウル、皿からなるガラス器セットを発表した。

「アーロン・クッカ(アールトの花)」

アルヴァとアイノはニューヨーク万国博覧会フィンランド館のために、新たにガラス器のセットを共同でデザインした。「アーロン・クッカ(アールトの花)」と名付けられた皿、ボウル2種と花器からなる作品で、「リーヒメーエン・クッカ」と同じコンセプトでつくられた。重ねると花の彫刻のような形になるが、このデザインのほうが結果的に、より自由な形になっている。

出典:Keinänen,Timo. Aino ja Alvar Aalto lasinsuunnittelijoina. Hackman Designor Oy Ab 1988, uusintapainos 1996.

「ボルゲブリック」シリーズの水差し、
タンブラー、皿。アイノ・アールト、
1932年。

「ボルゲブリック」シリーズはカルフラ・
ガラス器製造で、型押しガラス材から
さまざまな色がつくられている。

156-157頁：短期間のみ生産された無題のガラス器。アイノ・アールト、1936年。

右頁：「マイヤ」コールドカット用大皿。アイノ・アールト、1936年。

右：「アーロン・クッカ（アールトの花）」。アルヴァ・アールト、アイノ・アールト、1939年。

162-163頁：「リーヒメーエン・クッカ（リーヒマキの花）」。アルヴァ・アールト、アイノ・アールト、1933年。

写真家アイノ・アールト

マルヤーナ・ラウノネン
アルヴァ・アールト博物館研究員

「良い写真に必要なのは絵柄とか雰囲気ではないし、水平とか調和でもない。必要なのはふたつのことだ。それさえ備わっていれば、他の全てのことはついてくる。記憶せよ！ 良い写真に必要なのはこのふたつ、光そしてスピリットだ[1]」。若い写真家エイノ・マキネンは、1931年に雑誌『ヴァロクヴァウス *Valokuvaus*（写真）』誌の中で、アマチュア写真家にこう説いた。マキネンはフィンランドにおける写真の「ニュースクール」と呼ばれる一派の先導者で、彼にとって、構図よりもイメージとそれを表現する視点のほうが重要であった。

1. E. M-n. [Mäkinen] 1931, p. 185*

2. 彼女のもともとの姓はマルシオだが、この章ではアイノのことをアイノ・アールトと呼ぶことにする。彼女はアイノ・マルシオ=アールトという呼び方も使っていた。
3. 学生には、写真を使って建物を記録することを含む課題が出された。課題作品の記録はヘルシンキ工科大学とその建築学科のアーカイブズに残っている。
4. 1920~1930年代、アイノはサイズの異なるネガを使っていた。ほとんどの写真は6×9cm、時に4.5×6cmのネガが使われた。
5. カメラについての情報はヨハンナ・アラネンから、ネガについてと写真についてはアルヴァ・アールト博物館とプライベート・アーカイブズからの情報に基づいている。
6. ヨハンナ・アラネンの未出版の手稿、2000年。AAS

アイノ・アールト[2]は熱心な写真家でもあった。何千枚という写真を撮影した彼女の生涯を追ってみよう。アルヴァ・アールト建築家事務所の建築作品の記録のためにも写真は重要であったが、アイノはその目的だけにカメラを使っていたわけではない。その他家族写真や旅行写真も数多く撮っている。アイノの写真についてまず言えることは、彼女はフィンランドにおけるモダニストの写真、いわゆる「ニュースクール」の基本原則を実践しようとしているということだ。彼女の写真の多くは、エイノ・マキネンの言う、「光とスピリット」という基本要素を捉えることに成功している。

写真が趣味として広く普及し始めた1910~1920年代、当時学生だったアイノは写真に興味をもつようになった。写真は建築学科のカリキュラムの独立した科目ではなかったが、1910年代には学習の補助としてすでに使われていた。学生は建物を記録するために、撮影実習を行っていたのである[3]。

アイノが最初にカメラを購入したのは、おそらく1921年、ふたりの友人とのイタリア研修旅行の際で、1920年代には2種類のカメラを使っていたようである[4]。新しく発売されたフィルム巻き上げ式のカメラ、「ローライコード」を購入する1930年代後半まで、アイノはほとんどの場合6×9cmのネガフィルムの蛇腹式カメラを使っていた。後にはアルヴァもまた、このカメラを使うようになる。アイノがローライコードを購入したのは、1938年のアールト夫妻にとって初めてのアメリカ旅行の前ではないかと思われる[5]。

アイノが撮った写真は、家族の手で、そしてアルヴァ・アールト博物館によって保存されている。1924年にふたりは結婚し、アルヴァも同じカメラを使っていたので、全ての写真についてどちらが撮ったのかを特定するのは難しい。博物館のアーカイブズにネガで保存されている写真のうち、家族が撮った写真は特定できるが、アイノが撮影したと断定できるのは、ネガに名前が記されたものか、出版物に彼女の名前付きで掲載されたものだけである。

アイノとアルヴァの娘、ヨハンナ・アラネンによると、家族写真を撮っていたのはアイノだったと言う[6]。アルヴァも、インタビューの中でアイノは優れた写真家だったと話している。それを受けてアイノは、お気に入りの写真ばかりを集めたアルバムをつくって、クリスマスプレゼントとして家族に贈ったことを、思い出として語っている。また「ふたりの建築家の友人とイタリアに研修旅行に行った1921年から、私は写真を撮り始めた」とも語っている。この時のインタビュ

上:1939年に夫妻でアメリカへ旅行したときにもアイノは写真を撮っており、地方では、西部のゴールドラッシュの街も訪ねた。

下：上の写真に写っているアイノが撮った写真。左がアルヴァ。

7. マリア・コロマによる、アイノとアルヴァのインタビューに基づく手稿。
8. Valoa 1999, pp. 29-30*
9. Valoa 1999, pp. 36-38*
10. コンテンツ・プロデューサーのオッシ・アシカイネンとの電話とeメールでのやりとり、2003年12月。
11. Aalto, J. 1986, pp. 26-27*
12. Valoa 1999, p. 88*
13. Aalto, J. 1986, pp. 26-27*

アーのマリア・コロマは、アイノの写真について次のように表現している。「アイノの撮った写真は今でも大切に持っているし、手放せない。人物を撮った興味深い写真、万国博覧会、素晴らしい海岸線、豪華なレストランの写真、そしてアメリカの原住民の住居の写真、それらはとても芸術的に撮られていて……[7]」。

こうしてみると、アールト家のカメラで撮った写真のほとんどは、アイノによるものだと想像できる。

20世紀初期のフィンランドの写真

19世紀の終わりから20世紀の初めにかけては、ネガやプリントのテクニックといった写真技術が発展していった時代である。1880年代にはそれまでネガに使われていたウエットプレートがドライプレートに変わり、撮影の手順がシンプルになり、プロの写真家はスタジオを離れ、外に出ることができるようになった[8]。カメラはまた、学術分野でも活用され、フィンランドの民俗学者や言語学者はフィン・ウゴル語族の人びとの調査記録をカメラに収めた。例えばI・K・インハとU・T・シレリウスによる民俗調査の写真は、フィンランドのドキュメンタリー・フォトの伝統を打ち立てるのに貢献した[9]。

1880年代後期、蛇腹式カメラがドイツで開発された。求めやすい価格で販売され、それ以前のカメラより使いやすくなったので、20世紀初頭の10年間にアマチュア写真は目覚ましい進歩を遂げた[10]。写真はもはや金持ちの趣味にとどまらず、より多くの人びとが楽しめるものになった。

1889年ヘルシンキのスウェーデン語を話すアマチュア写真家たちは「Fotografiamatörklubben」、後に「Amatörfotografklubben i Helsingfors(AFK)」として知られる写真家の団体を立ち上げた[11]。設立メンバーのひとり、写真家のダニエル・ニュブリンは展覧会の重要性を主張し、1892年にAFKはアテネウム美術館で第1回写真展を開いた[12]。

フィンランド語を話すアマチュア写真家の団体、「Helsingin amatöörivalokuvaajat(ヘルシンキ・アマチュア写真家)」が1921年に設立され、1929年には「カメラセウラ Kameraseura(カメラ倶楽部)」に改名された。1926年から1931年まで、彼らは雑誌『ヴァロクヴァウス *Valokuvaus*(写真)』を刊行し、写真のスタイルについての活発な議論やアマチュア写真家向けの情報などを掲載した[13]。

他にも写真についてのいろいろなマニュアルが出版された。1890年にはK・E・ステヘルバリはスウェーデン語で、*Amatör fotograf. Lärobok i fotografi för amatörer*（アマチュア写真家 — アマチュアのための写真教本）[14]を、そして1917年にはエルランド・ピーリセンが *Valokuvaaja-oppikirja valokuvauksen harrastajalle*（アマチュア写真家のための写真教本）を出版した。どちらもアマチュア写真家のためのマニュアルを意図したものである[15]。新聞紙面にも明らかに写真が普及し、写真ルポルタージュを掲載し始めた。フィンランドでこのころ最も重要だった雑誌は、1917年に創刊された『スオメン・クヴァレヘティ *Suomen Kuvalehti*（フィンランド画報）』、そして『アイッタ *Aitta*』である[16]。

19世紀後期の写真表現は自然の忠実な再現が基本であり、対象をできるかぎり正確に写し出さなければならなかった。1900年代初期には、その当時絵画の世界で傑出していた印象派を参考にした、写真の絵画様式というスタイルが出現した[17]。それは科学的な写真や学術的な写真、そしてポートレートや風景写真といったものとは区別して、写真を独立した芸術表現の手段として捉えようという試みであり[18]、美術プリント方式を使った芸術的表現が探求

14. Valoa 1999, p. 271*
15. Aalto, J. 1986, p. 27*
16. Valoa 1999, p. 90*
17. Tausk 1980, pp. 15-*
18. Saraste 1996, p. 89*

I・K・インハは、ステヘルベルグ写真スタジオの依頼で、風景写真のシリーズを撮っている。このリアルなスタイルの19世紀末ソルタヴァラの風景は、同時代の風景画と非常に近い。

左：フォロ・ロマーノの眺望。

右：アイノの写真には、建築のディテールを学んでいるものもある。シエナの舗道の装飾。

された。フィンランドでは、ダニエル・ニュブリンが絵画様式の主唱者であり、写真を自然の景色に近付けるために、不必要なシャープ・フォーカスやディテールの表現を拒んだ。このころに最初のカラーフィルムが売り出されて、絵画的な芸術表現という写真の新しい次元に入った[19]。

アイノ・アールト初期の写真
‖1921年と1924年のイタリア旅行

アイノの最も初期の写真として知られているのは、1921年のイタリア旅行のときのもので[20]、この時は2種類のカメラを用いて撮影している。両方ともおそらく蛇腹式のカメラで、当時としては比較的軽く持ち運びしやすいものだった。これらのカメラで使われたネガのサイズは6×9cmと6×4.5cmである。

建築学科を卒業したてだったアイノはふたりの建築家仲間とともに、ヴェネチア、ラヴェンナ、シエナ、フィレンツェ、ローマとその他の都市を訪ね、主にヴェネチアのサン・マルコ広場周辺、フィレンツェのヴェッキオ宮とドゥオーモ、ローマのフォロ・ロマーノなどの建築写真を撮った。何の変哲もない建築写真がほとんどだが、中には優れたものもあり、アイノが旅行の前に写真の練習をしたことが見て取れる。なぜなら、単純な写真の撮り方をしていないからである。ファインダーから見た対象と、フィルムに写るイメージとは完全には一致しない。シャッタースピードが遅く、またフィルムの感度も悪いため、正しく露出を決めるのは難しい。しかし、列柱の暗がりから陽当たりの良い場所を撮るような光の調整が難しい場合にも、アイノは多くの優れた写真を撮っている(pp. 172-173 参照)。また、さまざまなストリートシーンのようなスナップショットも撮っている。

アイノとアルヴァは1924年のハネムーンのときにも１台のカメラを持って行った。 ヘルシンキのカタヤノッカの水上飛行機の港から出発し、タッリン、

19. Valoa 1999, p. 88*
20. イタリア旅行の写真はプライベート・アーカイブズのフォトアルバムに入っている。
21. Schildt 1990a, p. 136*

ウィーン、インスブルックを経由し、イタリアのパドゥアとヴェネチアなどを訪ねている[21]。この旅行写真の中には、最初のイタリア旅行で撮ったような一連のヴェネチアの風景写真がある。

1920年代の建築写真 ── 情景とムード

1920年代半ばにアイノとアルヴァは最初の重要な建築の依頼をいくつか得た。それらの建築現場に彼らはカメラを持って行き、また竣工写真も撮影した。その最初の例は「ユヴァスキュラ労働者クラブ」で、1924~1925年に撮られた57枚の写真が残されている(pp. 176-177 参照)。今見てもカメラをよく使いこなしていることがわかる。焦点が合っていて露出もいいし、構図の切り取り方もいい。内観写真もうまく撮れている。

イタリア旅行中の若き建築家たち。ヴェネチアで撮られた写真。

172-173頁：ヴェネチアの情景。アイノはすでにカメラの操作に熟達し、列柱の影と、広場の明るい日射を同じ写真に共存させることができた。

右：1924年のハネムーンの写真。

1920年代の他の重要なプロジェクトは、「南西フィンランド農業協同組合ビル」と「タパニ・ハウス」という部品化住宅のアパートメントハウスで、いずれもアールト夫妻は自分たちで写真を撮っている。「農業協同組合ビル」には1928年ごろから、夕景を捉えたシリーズがあり、都市のライフスタイルを象徴する夜の電気照明のシーンも主題になっている。これらの写真からアイノは、この時期のモダニズムの写真様式を意識していたことがわかる。また、カメラを傾けて「農業協同組合ビル」を撮った写真がある。中にはバルコニーからの見上げの写真もある — これはバウハウスと関連してよく知られるようになった撮り方である(pp. 178-179 参照)。『アルキテヘティ』には、グスタフ・ウェリン[22]が従来のスタイルで撮った「農業協同組合ビル」の建築写真が掲載された。

22. スウェーデン生まれの写真家グスタフ・ウェリンは1914年にトゥルクにスタジオを構え、トゥルクの写真とメイナーハウスの写真で知られるようになった（Savolainen 1992, pp. 56-57*）。1920年代後期と1930年代にはウェリンはアルヴァの重要な作品のほとんどを撮っている。

ただし、その中に照明の点灯したファサード写真も含まれていた[23]。

「タパニ・ハウス」は1929年に竣工し、『アルキテヘティ』の1929年第6号に、アイノが撮影した写真とともに掲載された。それは外観の写真と、インテリア・モデルとして示された標準的な家具の写真から構成されていた[24]。写真の選定は極めて紋切り型だったが、アイノは他にも違う種類の写真を撮っていた。例えばアールト夫妻の小さな娘が椅子に座っている様子などを撮った一連の室内写真がある。また、アイノは清掃人やビルの労働者も撮っている (pp. 180-181 参照)。1929年にはアールト夫妻の夏の休暇小屋である「ヴィラ・フローラ」もアイノによる3枚の写真、そして図面とともに短い文章が添えられて『アルキテヘティ』に掲載された[25]。

建築写真は街路のシーンを取り込んだ。フィレンツェにて、1921年。

1920年代にアイノが撮影した建築写真の一貫した特徴は、状況や雰囲気の描写であった。例えば「ユヴァスキュラ労働者クラブ」の写真の注目すべき特徴は、建物の周囲が捉えられていることと、このビルを建設する人や通りを歩く人が写っていることだ。これらの写真の雰囲気は、『アルキテヘティ』に掲載されたニルス・ワサスティエルナの建物だけでなく通行人も一緒に捉えた建築写真によく似ている[26]。

1928年以降の、「タパニ・ハウス」や「南西フィンランド農業協同組合ビル」の写真は、アイノがモダニズムの写真表現を強く意識していることを示している。例えばカメラを傾ける手法など、その当時の新しい撮影技法を試していた。夕方、街灯の下の街路に立つ若者の写真は、斬新な試みの一例である。

これらの写真が撮られたのは、フィンランドにいわゆる「ニュースクール」の写真が入ってきたころであった。1920年代半ばには、モダニズムの重要な写真の本が何冊かドイツで出版され、1920～1930年代に変わるころにはフィンランドでも知られるようになった。このころアールト夫妻と中央ヨーロッパの建築家や芸術家との交流が始まった。

23. *Arkkitehti* 6/1929, pp. 83-*
24. *Arkkitehti* 6/1929, pp. 96-97*
25. *Arkkitehti* 5/1929, pp. 74-75*
26. *Arkkitehti* 9/1931, pp. 138* 建築家ニルス・ワサスティエルナは、探索カメラと呼ばれたカメラで撮ったヘルシンキの街の写真でも知られるようになっていた。
Valoa 1999, p. 37*

上：「南西フィンランド農業協同組合ビル」の夕方のシーン。露光時間を長くして撮っている。

左下：アイノの建築写真には、しばしばスナップショットもある。「ユヴァスキュラ労働者クラブ」のファサードの写真には1925年の街路風景が垣間見られる。

右下：工事中の「ユヴァスキュラ労働者クラブ」。建設過程の写真には、工事途中の煉瓦壁に開けられた窓の開口のように、面白いディテールが見られる。

右頁：「ユヴァスキュラ労働者クラブ」のこの室内写真は、難しい条件におけるアイノの露出の選択能力も優れていたことを示している。

左頁：アイノ・アールトはクラシカルな「南西フィンランド農業協同組合ビル」の写真をモダニズムの精神で撮った。カメラを傾け、新しいアングルで撮る実験は、1928年においてはフィンランドの写真にとっての新機軸だった。右のラースロ・モホリ=ナギによる1925年のバルコニー写真がおそらく源泉になっている。

右：ラースロ・モホリ=ナギのバウハウスのバルコニー写真は1925年に出版された『絵画・写真・映画』に掲載された。モホリ=ナギによると、写真は透視図の真実を示す。カメラは主題を見えるままに写す。

アイノ・アールトとモダニストの写真

「ニュースクール」の写真

20世紀の最初の10年間は、写真の表現からもさまざまな芸術に影響を与えたスタイルが登場した。1900年代初期の絵画表現は印象主義に向かっていたが、1920年代後半には、表現主義からの影響が写真にも及んできた。また、独自の表現形式をもつ、芸術の1ジャンルとしての写真の役割が重要度を増していた。「ニュースクール」の写真表現は、ラースロ・モホリ=ナギが教えていたバウハウスとの関係で、特にドイツで著しく発展し、彼の1925年の著書 *Malerei Fotografie Film*（絵画・写真・映画）はモダニズムのマニフェストのひとつと考えられている[27]。従来の写真の撮り方にとどまらず、カメラを用いずに印画紙の上に直接物体を置いて感光させてつくるフォトグラムや、グラフィックと写真を組み合わせたタイポフォトと呼ばれる手法などについても、この本で詳細に語られている。ここには、X線写真、小さな昆虫の拡大写真、ネガのままプリントされた写真、そして鏡面に反転して映り込んだものを題材にした写真などの図版が掲載されている[28]。

27. Saraste 1996, p, 112*
28. Moholy-Nagy 1986*

左：竣工間近トゥルクの「タパニ・ハウス」の窓のクリーニング。

右頁：アイノ・アールトが撮った「タパニ・ハウス」のインテリアの写真には、アールト夫妻の娘が写っている。

29. Tausk 1980, p, 46*
30. Tausk 1980, p, 97*
31. エイノ・マキネンへのインタビュー、1974年12月11日。ピリヨ・マルッカネン。SKSÄ 12.1978.
32. 例として Mäkinen 1929*

モホリ=ナギの本の数年後に2冊の重要な本が出版された。ひとつはアルバート・レグナー=パッチュの写真の新即物主義（ノイエ・ザッハリッヒカイト）宣言である[29] *Die Welt ist Schön*（世界は美しい）(1928年)と、ウェルナー・グラフによる1929年の *Es kommt der neue Fotograf*（新しい写真家が来る）である[30]。1929年にはシュトゥットガルトでフィルム・写真博覧会も開かれた。書籍と博覧会は「ニュースクール」の写真の発展にとって非常に重要であった。

ウェルナー・グラフの *Es Kommt der neue Fotograf* は、フィンランドの写真の「ニュースクール」に影響を与え、若かりし日の写真家エイノ・マキネンがモダニズム写真に興味をもつきっかけにもなった[31]。マキネンは1929年にカメラセウラ(カメラ倶楽部)協会に参加し、1929、1930年にその機関誌『ヴァロクヴァウス(写真)』に、グラフとモホリ=ナギに触発された記事をいくつか寄稿している[32]。

1929年のウェルナー・グラフの著書『新しい写真家が来る』はカバーだけ見ても新しい考え方を示している。新しいアングル、大胆なトリミングは写真の新しいテーマであった。

「ニュースクール」には当然ながら新しいコンセプトがある、とマキネンは書いている。今やカメラを傾けて垂直線が斜めに見えるように撮った写真も受け入れられ、イメージを切り取ることと、ディテールに注目させることが重要であった。色合いが調整された世界は、白と黒のコントラストを強調した緊張関係をつくり出す。また、「ニュースクール」の写真家はみな同じスタイルというわけではなかったが、イメージの助けを借りて、自身の内なる風景を提示することを重要視していたという点で共通していたと、マキネンは言う[33]。

マキネンの記事に呼応して、フィンランドでは２冊の写真のマニュアルが出版された。アマチュア写真家が技術を磨くための、ヴィリョ・セタラの *Valokuvauksen taito, eteenpäin pyrkivän harrastajan opas* (1929年)と、スナップショットのガイド、サカリ・ペルシの *Näppäiikää hyviä kuvia. Käsivaraisen pikakuvauksen opas* (1930年)である[34]。セタラとペルシは「ニュースクール」の支持者であった。そしてセタラはABISSというグループに所属する4人の写真家とともに、1930年にヘルシンキのサロン・ストリンドバリで展覧会を開いた。その4人は、ヘイッキ・アホ、ハンス・ブリュックナー、ハインリッヒ・イッフランド、そしてビヨルン・ソルダンである[35]。

アホとソルダンはフィンランドの写真と映画にとって重要な人物で、ともにドイツで学んだのち、フィンランドで写真家そしてフィルムメーカーとして知られるようになった。1924年、彼らはアホ・ソルダン・アンド・カンパニーというショートフィルムのスタジオを設立した[36]。かつてエイノ・マキネンはインタビューで、アホのサロンは映画と写真の真の大学であったと語ったことがある[37]。またアルヴァ・アールトをマキネンに紹介したのがアホであり、この時から、何十年も続くふたりのコラボレーションが始まったのである。

ラースロ・モホリ=ナギの役割

アールト夫妻がエイノ・マキネンを知るようになる前からすでに、アイノの写真には、モダニズムの影響が見てとれた。これらの影響はヨーロッパの知人たちから受けたものだ。1920年代から1930年代に変わるころ、アルヴァはCIAMの組織の仕事に携わり[38]、中央ヨーロッパの建築サークルと密接に交流するようになった。中でも最も重要なのは、ハンガリー生まれのラースロ・モホリ=ナギとの交友関係である。ヴァルター・グロピウスが設立したドイツ・デッ

33. E. M-n. [Mäkinen] 1930, pp. 2-*
34. Aalto, J. 1986, pp. 28-29*
35. Setälä 1892-1985 1992, p. 8*
36. Uusitalo 1965, p. 22*
37. Kansakunnan muistikuvat, Filmihullu 7-8/1978, p. 4*
38. Congrès Internationaux d'Architecture Moderne モダニスト建築家の国際組織。

エイノ・マキネンによるこのモダニストのストリート・シーンはフィンランドの写真の新しい方向を指し示している。

サウのバウハウスで教えていたモホリ=ナギは写真だけでなく芸術のあらゆる分野、彫刻、デザイン、舞台デザインに積極的に取り組んだ。ロシア構成主義、ベルリンのダダイズムやデ・スティルなど当時の主なトレンドのほとんどすべての芸術と密接に関わっていた。モホリ=ナギはラショナリストの形態の実験、現代技術、表現の新しい方法に関心を示した[39]。

39. Schildt 1990b, pp. 70-*

モホリ=ナギが友人のエレン・フランクとともに1931年夏にフィンランドを訪れた際に、アイノは彼に会う機会を得た。アールト夫妻とモホリ=ナギはいつもカメラを持ち、他の客たちと一緒にフィンランドのさまざまな場所を旅した。アイノはこうしてモホリ=ナギのカメラ操作を間近に見ることで、自身の写真のアイデアを得た。彼らはオウルにも旅し、アールト事務所がデザインした竣工して間もない「トッピラ製紙工場」を観て、オウルヨキ川では船に乗った。モホリ=ナギもアイノも「トッピラ製紙工場」の写真を残しており、そのうちアイノのカメラで撮った膨大な写真が、アルヴァ・アールト博物館のアーカイブズに残されている。モホリ=ナギの撮影として知られる給水塔の写真 (p.185) は、実はアイノが撮ったもので、アイノが明らかにモホリ=ナギの撮影方法に興味をもち、追随しようとしていたことがわかる。

1933年、イギリスの百貨店フォートナム・アンド・メイソンでアールト夫妻のデザインした家具の展覧会が開かれたときに、彼らは初めてロンドンを訪れた。

モホリ=ナギもまたその時ロンドンにいて、一緒に議会のオープニングのロイヤル・パレードを見に行き、ビルの最上階の窓から見物した。モホリ=ナギとアイノが窓から乗り出して街路の群衆をカメラで狙う姿を捉えた写真が残っている。その時の群衆の様子がアイノのカメラで撮られた(pp. 186-187 参照)。

アイノ・アールトと写真の新しいスタイル

ラースロ・モホリ=ナギと出会った後、アイノは「ニュースクール」の大胆な技法の実験を始めた。彼女は自分で現像はしなかったので、主題の選び方や写真の撮り方を実験した。以前から一般的な建築写真とは違うアングルで撮ったり、カメラを傾けて撮ったりという実験を試していたアイノであるが、今や主題はもっと多様になり、人びとや物やディテールが含まれるようになった。例えば絵を描く子供たちを顔が見えない斜め上から撮るといった試みをしている。アイノが建築写真で行った透視図法の実験の良い例として「パイミオのサナトリウム」の写真がある(pp. 196-199 参照)。

日常のものを主題とする写真や、これまでにない素材を発見しようとする写真が、おそらくアイノの写真にとってのニュースタイルで、金属や水面のよ

左：1931年夏、オウルヨキ川の船上のアイノとラースロ・モホリ=ナギ。

右頁：アイノによるオウルの「トッピラ製紙工場」の写真は、空間と形態のスタディである。

上：1933年秋、ロンドン議会のオープニングのロイヤル・パレードをカメラで追う、モホリ=ナギとアイノ。

右：ロイヤル・パレードの行進を見る群衆。これと上の写真はおそらくアルヴァが撮った。

40. Setälä 1892-1985, 1992, pp. 7-8
41. *Arkkitehti* 4/1934.
42. ウェリンの写真は『アルキテヘティ』で、アールト事務所の次の作品に使われた。「トゥルン・サノマ新聞社」(1930年第6号)、「ヴィープリの図書館」(1935年第10号)、「ヴィラ・マイレア」(1939年第9号)、そして「カウットゥアのテラスハウス」(1939年第11、12号)。

うな反射する表面を好んで撮影した。アイノはまた写真表現における光と影についても学んだ。その典型的な例は、暗いコロネードやポーティコから明るい場所を撮った写真、あるいは室内から屋外を撮った写真である。

アイノの写真にはフィンランドの同時代を先導する写真家たちの作品との類似点がたくさんある。エイノ・マキネンとともにこの時期の最も重要な写真家のひとり、ヴィリョ・セタラは、フィンランドの小型カメラによる写真のパイオニアとしても知られている。1927年、彼は新型カメラを代表する軽量ライカをフィンランドで最初に購入したうちのひとりで、三脚を使わないという新しい挑戦的なスタイルで写真を撮った。セタラはまた多くの写真の団体で積極的に活動し、さらに自身の書いた何冊ものマニュアルをもとに、写真について教えた。彼は、動く被写体の撮影を研究し、人や車も数多く撮っている[40]。磨かれた表面から反射する写真を研究し、また1920年代の機械礼賛の精神の中で、工業機械のクローズアップを撮った彼の写真は、同じ精神とテーマでアイノが撮った写真に非常によく似ている(pp.190-191 参照)。

アイノのモダニスト・スタイルの建築写真には、ハインリッヒ・イッフランドとのつながりも見出せる。例えばイッフランドの「キュィミ・オイ工場」の写真とアイノ・アールトの「トッピラ製紙工場」の写真は、その精神において類似している[41]。

アイノ・アールトの1930年代の建築写真 — 芸術写真から記録写真まで

1930年代、アールト夫妻は自分たちの建築作品の写真を撮り続けてはいたが、竣工写真はプロの写真家に常に依頼していた。これらは出版物に建築作品を発表するときに使われ、1930年代には通常、グスタフ・ウェリンがアールト事務所の作品を撮影していた[42]。『アルキテヘティ』1932年第12号の「トッピラ製紙工場」の記事以降は、自分たちが撮った写真を雑誌に発表することはなくなった。

1920年代の終わりにはアルヴァ・アールトのモダニストとしての最初の建築作品である、トゥルクの「トゥルン・サノマ新聞社」が完成し、その数年後には「パイミオのサナトリウム」が続く。これらの建築の機能主義的な特質に触発されて、アイノはモダニスト・スタイルの写真を撮るようになった。彼女はパースペクティブを強調し、建物のディテールをよく見せるために、普通とは違うアングルを採用した。

上、下：アイノは家族写真でも、新しいスタイルを試みている。

左、右頁：モダニズムの写真は工場や機械も捉えている。左はアイノが撮影した写真、右頁はヴィリョ・セタラの写真。両方とも1932年以降のものである。

「トゥルン・サノマ新聞社」の屋上テラスから撮った写真のシリーズでは、金属パイプの手摺や窓の連なり、そして屋上の物干し台の紐でさえ力強い線となり、パースペクティブを強調している (pp. 193-195 参照)。このシリーズでは、使用人とその子供が洗濯物を干しているところは別として、建物の形態がはっきりと強調されて表現されている。被写体は斜め上から撮られ、屋上テラスの床のタイルに影が落ち、洗濯物は風にたなびいている。

被写体としての「パイミオのサナトリウム」では、そのバラエティに富んだ形態によって、モダニズムの写真表現がより強調されている。実際にアイノは、他の同時代の「ニュースクール」の写真家の作品にも比肩するシリーズ写真を、「パイミオのサナトリウム」で撮っている。

カメラを傾けて、建物を見上げて撮った写真や、屋上テラスから地面を見下ろした写真が何枚かある。建物の水平垂直のラインや曲線は、ほとんど抽象的と言っていいイメージをつくり出している。暗い影と光の当たった面とのコントラストの写真は、グラフィックアートを想起させる。細長い窓にものが反

転して映り込んだ写真も試したり、ディテールにこだわった写真もある。これらの写真は「パイミオのサナトリウム」が発表されたときに使われ、後には建築材料メーカーの宣伝にも使われた(pp. 196-201 参照)[43]。

写真の芸術的表現に対するアイノの関心は1930年代半ばには薄れ、この後は主にカメラは自分たちの作品の記録のために使われるようになったほか、旅行のときも盛んに写真を撮った。

1935年に完成した「ヴィープリの図書館」の竣工写真はグスタフ・ウェリンに依頼し『アルキテヘティ』に掲載された[44]。アルヴァ・アールト博物館のアーカイブズにはウェリンが撮った63枚の「ヴィープリの図書館」の写真がある。

アイノが撮った写真は77枚残っている。その半分が施工段階のものであることから、アイノの関心が建物と建設過程の記録のほうに移ったことがはっきりとわかる。建設過程の写真からは、竣工写真ではわからない構造その他のディテールを読み取ることができる。アイノの写真はウェリンの写真をこうした意味で補完する、とても興味深いものである。

アイノが芸術的な写真に関心をもった時期は、さまざまな芸術分野でモダニズムが出現した時期と重なっている。モダニズムはいわゆる機械文化、都市的ライフスタイルの礼賛と結びついており、他の多くのアーティストと同じようにアールト夫妻もあらゆる新技術に関心をもち、最初の車は1927年に購入したし、ヨーロッパへのハネムーンには飛行機を使った。彼らの写真への関心は、それが芸術表現の新しい手段であったという理由によっても説明できる。アルヴァは映画にも関心を示し、1920年代から1930年代に変わるころには撮影機を購入し、プロジェクティオと呼ばれたシネマクラブの設立にも積極的に関わった[45]。

アイノは生涯にわたって写真を撮り続けた。1920～1930年代に撮ったものが最も広範囲で、この時期から建築写真も撮り始めている。建設過程の写真と竣工写真は、建物が建ち上がる過程と、建築家が自分の作品をどう捉えていたかを示す興味深い記録である。1930年代後期以降、アイノの建築と芸術写真への関心は薄らぎ、写真を撮るのはもっぱら旅行のときに限られた。

若いころ、建物を記録しようという建築家としての情熱から始まったアイノの写真への取り組みは、次第にふたりの建築家の、そしてフィンランド人の家族の、ユニークな生活記録としての写真へと変化していった。

43. Varsinais-Suomen Tuberkuloosiparantola.
44. *Arkkitehti* 10/1935*
45. Schildt 1990b, p. 115*

右：建築写真の中にあったスナップショットの1枚。

下：エイノ・マキネンの作品にも右と同じようなテーマのものがある。

194〜195頁：機能主義建築の鮮明で明確なライン。「トゥルン・サノマ新聞社」の屋上テラスからの写真。

「パイミオのサナトリウム」の形態言語に触発されて、アイノは抽象的な写真を撮った。こうした写真のいくつかはサナトリウムのプロジェクトの小冊子に掲載された。建物のディテールその他さまざまな対象を撮ったアイノの写真は、メーカーの広告写真にも使われた。

左上：上から撮られた公園の池と散歩道の写真は、装飾パターンのように見える。

右上：病棟のファサード。

右頁：建設途中の病棟の休憩バルコニー。

上：庭園灯およびサナトリウムの端部。

右：煙突のタラップを見上げる。

右頁：病棟の休憩バルコニー。

左頁：食器棚。

右：食堂。

左下：たん壺。

右下：リネン庫。

上：工事中の「ヴィープリの図書館」。右に見えるのが仕上げる前の煉瓦壁の子供用エントランス。

右：グスタフ・ウェリンによる「ヴィープリの図書館」の竣工時の写真。建築写真を単純化しようとする意図によって、建物は非現実的な舞台セットのように見える。

寡黙な中心人物
建築家アイノ・アールト

レンヤ・スオミネン=コッコネン
ヘルシンキ大学シニア・レクチュアラー

1900年代初期に始まったフィンランド社会の近代化は、旧来の階級制度を、少なくとも政治的には歴史の彼方に追いやり、社会的、経済的、文化的分野への女性の参加を必要不可欠なものにした。最近10年の調査研究によると、この時期のフィンランドの「近代化」は、一般に考えられていたより、ずっと多様なものであった。作家、アーティスト、医者、政治家、そして建築家といった、教育を受けて自立した女性の職能が、この多様性に貢献していたのである。しかし私的な生活やキャリアの面では女性たちは、常にそのジェンダーと直面していかなければならなかった。

左頁：アラヤルヴィのアルヴァの両親の家を訪れた時のアイノと娘のヨハンナ。1926年ころ。

右：1921年のイタリア研修旅行でヴェネチアを訪れた、若き建築家アイノ・マルシオ（右）とアイリ=サッリ・アハデ。この写真は雑誌*Suomen Kuvalehti*（フィンランド画報）の表紙に使われた。

1900年代初期、フィンランドの法律は女性が教育を受ける権利を与えたが[1]、実際には働く女性にはまだ目に見えない障壁があった。この法律によって選挙権を得たとはいえ、男性と同等の権利をすべて与えられたわけではなかった[2]。こうした状況の下、女性は1880年代には新しい分野の教育を求め始め、そのうちのひとつである建築は[3]、次第に若い中流階級の女性を引きつけるようになった。アイノ・マルシオがヘルシンキ工科大学に入る1913年までに、すでに13人の女性が建築家として同大学を卒業している。その中のひとり、シグネ・ホルンボルグは、建築の学校教育を受けたヨーロッパ最初の女性でもあった[4]。アイノと同学年の女性は、アイノ、カトリ・マヤンティエ、エリン・ニッシラの3人だけであった。しかしアイノより前、1911年と1912年に入学した10人の女子学生の中には、アイノの親友となった人が多くいる[5]。

工科大学の1910年代、建築学部長のグスタフ・ニューストロム教授は中央ヨーロッパの新しい動きを考慮してはいたが、伝統的な建築教育にまだかたくなに準拠しており、学生から批判の矛先が向けられていた[6]。その教育法はフランスのボザールの伝統とは明らかに違って、ドイツの工芸学校の方式に従っていたが、建築課題の解決策を重要な歴史的建築から学ぶという、フランスの伝統面も残していた。そうした批判はあっても、ヨーロッパの古典への親しみ、特にイタリア建築への愛着が1910年代の工科大学にはまだ残っていた。アイノが仲間とともにイタリア、ナポリまで行った旅行にもこうした教育からの影響が見られる。同じような旅行は、1924年のアイノとアルヴァ・アールトのハネムーンでも繰り返された[7]。

1. 聖職者や軍隊のような職業だけは、まだ女性に開かれていなかった。
2. 既婚女性の雇用は、1922年に雇用契約法が施行されるまで、認められていなかった。既婚女性が法的に独立したのは、1929年の結婚法からである。Nummijärvi 1992, pp. 85-119*; Pylkkänen 1992, pp. 120-145*
3. 女性は他にも、建築請負業者としての教育と、薬剤師としての高い技術教育を受けることができた。Suominen-Kokkonen 1992, pp. 29-33*
4. Suominen-Kokkonen 1992, pp. 30-32*
5. 1911年には、アイリ=サッリ・アハデ、アグダ・アスペリン、ケルスティン・ホルムベルグ、ハンナ・ノホストローム、そしてヒルディング・ウィンクヴィスト、が、建築学科に登録した。エルサ・アロカッリオ、サルメ・セタラ、エルシ・ボルグ、シュイルヴィ・ニュイッソネンそしてエッリ・ルースがその後に続いた。エッリ・ルースとアイリ=サッリ・アハデは卒業後もアイノの親友であった。Suominen-Kokkonen 1992, p. 32*
6. Lukkarinen 1989, pp. 73-75*; Wäre 1991, pp. 182-183*
7. アイノと旅行したふたりの仲間は、アイリ=サッリ・アハデとエッリ・ルースである。建築家のエッリ・ルースが所有していた資料からは、この旅行に関するものは見つからなかった。スサンナ・アールトネン（文学修士）へのインタビュー、2003年6月12日。Suominen-Kokkonen 2003a, pp. 107-121*

1942年5月、第46回フィンランド女性建築家協会は、大先輩の女性建築家、「グランド・オールド・レディ」ウィヴィ・レンの70歳の誕生日を祝った。この同じ年には、アーキテクタ協会が設立された。アイノは写真の右端に写っている3人グループの真ん中。

「女性の文化[8]」

フィンランドの1920年代は明らかにヨーロッパの中央に向いた、開放された「華やかな」時期と表現され、文化面では必ず男性のモダニズム文学の最前線について言及されてきた。例えば『トゥレンカンタヤト Tulenkantajat』誌がフィンランド語を話す知識階級の人びとに新しい刺激を与えていた。しかしこの時代のフィンランドはよく言われている通り、血の内戦を経て独立したばかりで、国内政治は不安定で常に対立をはらんでいた。しかし他方では経済発展と新たな外部世界との接触によって、将来への自信とヨーロッパへの帰属意識が育まれてもいた。

この時期のヘルシンキの文化サークルはさまざまな場面でつながっていた。友人関係や仕事上のつながり、私生活上やキャリア上のつながりなどが緊密に織り合わさって、同じ人が複数の異なるサークルに所属していたし、アーティストや音楽家、著名な工芸家や建築家、そして有名な学者たちが親しい仲間でサークルをつくっていた。フィンランドの女性建築家は、仲間の建築家か土木技師、あるいはアーティストと結婚するのが一般的であった[9]。そうした中1920年代の初頭、女性建築家は友人知己の親密なネットワークをつくった。フィンランドにおける建築家の最初の職能集団、Arkitektklubben-Arkkitehtiklubi（建築家クラブ）は、1919年からはフィンランド建築家協会となったが、一般には女性の参加は奨励しなかったので[10]、女子学生たちは自分たちの団体、スウェーデン語の「ツムストッケン Tumstocken（折りたたみ

8. 「Frauenkultur」という言葉については、例えばMeskimmon 1999, pp. 3-6*
9. フィンランドの初期の女性建築家の多くは、同業者と結婚している。例えばシグネ・ラゲルボルグはグンナール・ステニウスと、イネス・ホルミングはE・A・トルンヴァッルと、エヴァ・クフレフェルトはヒルディング・エケルンドという風に。ウィヴィ・レン、ベルサ・エンワルド、シグネ・ホルンボルグ、エッリ・ルース、アンニッキ・パーシキヴィのように独身を通した人も多い。またエルシ・ボルグはアントン・リンドフォルスと、エルナ・キリャンダーはグンナール・フィンネと、というようにアーティストと結婚した人もいる。
10. 建築家協会の最初の女性メンバーは、1917年の、ヴィズ・エヴァ・クフルフェルト、マルガレタ・リンドクヴィストである。Suominen-Kokkonen 1992, p. 109*

1930年代初期、トゥルクの港で水上飛行機に感嘆する、おそらくアルヴァと息子が写っている写真。

定規)」協会をつくった。その月例集会には、1910～1913年に工科大学に在籍したほとんどすべての女子学生が出席していた。しかし、1924年にはメンバーの多くがヘルシンキ以外の場所に移って働くようになったことで、その活動は下火になった[11]。アイノもそのころには、働くためにヘルシンキを出て、ユヴァスキュラに移っていた[12]。

アイノはツムストッケン協会のメンバーではあったが、熱心な参加者というわけではなかった。最も親しい建築家仲間のアイリ=サッリ・アハデとエッリ・ルースとの友情は間違いなく深く信頼し合ったものだったが[13]、ユヴァスキュラ、次にトゥルクに移った1924～1933年の間は、以前の学校仲間とは自然と疎遠になっていった。違う見方をすれば、アイノの最も親しい仲間であり友人であったのは夫のアルヴァであったとも言える。後世の人々の興味を大いに引くことになるこのふたりの建築家の関係は、極めて親密で、言うまでもなく愛し合い、またお互いの才能を尊敬し合っていた。

「アルヴァは自立した女性を尊敬していたが、子供の母親が家にいることもまた彼にとっては重要なことであった」[14]。相容れないこのふたつの考え方は、一方で旧来の家族中心のモデルに従いながら、他方でモダンなライフスタイル、女性の権利確立という新しい状況を容認するという矛盾をはらんでいた。1920年代に、アルヴァの最も親しい国を越えた友人であるヴァルター・グロピウスは、男女の関係について、対等な立場での社会参加の重要性を説き、第一次大戦後、ドイツで離婚してシングルマザーになった女性の立場について論じている[15]。

建築家仲間を配偶者に選んだアイノの選択は、フィンランドの建築家社会では珍しくはなかったが、アルヴァのパーソナリティは非常に特異なものであった。「アイノは、人と違うことをよくわかった上でアルヴァを選んだ。公務員タイプの人を選んだわけではない。アイノは一見引っ込み思案で臆病に見えるが、強い一面ももっており、アルヴァを介して自己実現できるようになったのである[16]」。アイノは兄妹の中では寡黙で内気な女性であったが、結婚生活において、またアルヴァとの建築の協働においては、ひとりの寡黙な中心人物へと、次第に鍛え上げられていく強さをもっていた。アイノの建築家としてのキャリアと家庭の両立は、同じような境遇の、教育を受けた女性たちみなの問題でもあった。子供たちが小さい間も、彼女は建築から完全に離れることは

11. しかしその活動は、1942年に設立された、よりオフィシャルなアルキテクタ協会の基礎をつくったのだから、重要ではなかったとはいえない。同上参照。
12. 転居の時期については、Suominen-Kokkonen 2003b, note 5*
13. アイリ=サッリ・アハデはアイノとアルヴァの息子の名付け親だった。ヨハンナ・アラネンへのインタビュー、1991年9月30日。
14. ヨハンナ・アラネンへのインタビュー、1991年9月30日。
15. Gropius (1929) 1955, pp. 104-118*
しかし興味深いことに、このことはグロピウス個人の問題でもあった。彼は、アンナ・マーラーとの間に子供がひとりいたが、1920年に離婚した。Nerdinger 1996, p. 8*
16. ヨハンナ・アラネンへのインタビュー、1991年9月30日。

左頁：1930年、トロンドヘイムで行われた北欧建築家会議への途上のアイノとアルヴァ。

左：アールト夫妻のスウェーデンの友人グンナール・アスプルンドが自身のためにデザインした、ソルンダの夏の家。アイノによる写真。

なく、その生涯を通して、アルヴァ・アールト建築家事務所は、ユヴァスキュラでも、トゥルクでも、どの都市に移っても彼らの住居と結びついていた。彼女は事務所のインテリア・デザインのプロジェクトに積極的に関わり、コンペの応募案づくりにも常に参加していた。

「みんな信頼できるスウェーデン人[17]」

1927年、トゥルクへ転居したことをきっかけにして、アールト一家の国際的な交流の機会が増えた。このころの旅行としては、イタリアへのハネムーンとスウェーデンとデンマークへのアルヴァ単独の訪問のみが知られていたが[18]、転居直後の1928年、アールト夫妻はスウェーデンとデンマークを経由して西ヨーロッパをフランスまで旅行していたことが明らかになっている。この時期にこの旅行をしたことは、少なくともイタリアのアートと工芸についての彼らの関心度がうかがえ、また、この後の彼らの建築の展開にとって、非常に重要であったといえる。写真や『シサ=スオミ新聞』に掲載されたアルヴァのコメントによって、この旅行がどのようなものだったかがわかる。この時、アールト夫妻はデンマークのモダニズムの建築家ポール・ヘニングセンと非常に親しくなり、「南西フィンランド農業協同組合ビル」の共用部と自邸用に、彼のデザインした照明器具を購入している[19]。アルヴァはこのころスウェーデンの建築家、グンナール・アスプルンドやスヴェン・マルケリウスとの交流もあり、彼らの主要な最新作の情報は、ただちにアールト夫妻に伝わった[20]。アスプルンドの家族はアール

17. アイノによるコメント、1931年6月12日。旅行日誌の p. 2、プライベート・アーカイブズ。

18. Pohjoismainen arkkitehtitaide sangen korkealla tasolla. Keskisuomalainen 19.11.1926; Suominen-Kokkonen 1999b, pp. 100-115*

19. ルイス・ポールセン・アンド・カンパニーからアルヴァ・アールトへの手紙、1928年4月14日～1929年7月25日。AAS
初めのころ、この会社はポール・ヘニングセンの照明器具を輸入していた。ポール・ヘニングセンからアルヴァ・アールトへの手紙、1928年9月11日。Mitä arkkitehti Aallolle kuuluu. *Sisä-Suomi* 18.8.1928

20. *Keskisuomalainen* 19.11.1926　この新聞のインタビューでアルヴァは、当時工事中だったアスプルンドの「ストックホルム市立図書館」と、マルケリウスの「ヘルシングボリ・コンサートホール」について言及している。リポーターはマルケリウスのことをマルケリンとスペルを間違えている。

21. ヨハンナ・アラネンへのインタビュー、2002年11月19日。1941年5月25日のイングリッド・アスプルンドからアイノとアルヴァへの手紙で、彼女はフィンランドへ招待してくれたことへのお

右：フィンランド工芸デザイン協会が主催した、1930年秋の「最小限住宅展」のための、アイノがデザインした座ったままで使えるキッチンのスケッチ。

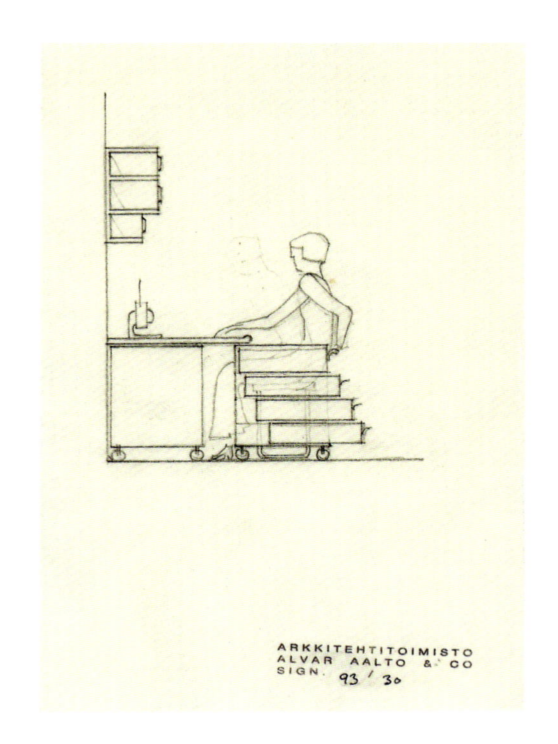

ト一家にとって、他の意味でも重要であった。例えば第二次世界大戦の間、娘のヨハンナはスウェーデンのアスプルンド家に身を寄せていたし、再婚したイングリッド・アスプルンドの男の子たちと、アールト夫妻の子供たちは仲が良かった[21]。

こうした北欧の友人たちとの交流がきっかけとなり、アールト夫妻はヨーロッパ大陸のモダニズムの建築家たちと交流するようになった。スヴェン・マルケリウスがCIAMのメンバーになった後、アルヴァも招待されたことによって、ヴァルター・グロピウス、ル・コルビュジエ、ジークフリート・ギーディオンとの交流も生まれた[22]。アールト夫妻にとって、フランクフルトで開かれた第2回CIAM大会は、モダニズムの建築家たちが注目していた最小限住宅に真剣に取り組むきっかけになった。このフランクフルト大会と関連してエルンスト・マイとマルト・スタムが組織した、Die Wohnung für das Existenzminimum（最小限住宅）の展覧会に触発されて生まれたアイデアやコンセプトもある[23]。このテーマは次の年にストックホルムで開かれた展覧会でも引き続き使われた。

1930年のストックホルム・デザイン工芸博覧会「Stockholmsutställningen 1930 av konstindustri, konsthantverk och hemslöjd」は北欧全体の建築家にとって、限りなく大きなインスピレーションの源になった。この博覧会は、美術史家グレゴール・パウルッソンや建築家グンナール・アスプルンドをコミッショナーとして、当時のスウェーデンを代表する全ての建築家たちによって実現した。博覧会には建築とその構成物、街路、庭園、アパートメント、そしてスウェーデンのモダンな工業製品のみ展示することが許された[24]。参加した建築家たちはこのイベントで展示したものを販売することもできた。フィンランドのモダニズムの建築家たちの他に、ストックホルムのスイス大使館のゲストとして訪れたジークフリート・ギーディオンは、これをきっかけに北欧CIAMを組織したいと思うようになった[25]。

ギーディオンとアールト夫妻のコラボレーションが生まれたのは、このストックホルムの博覧会においてである。ギーディオンはヘルシンキの「最小限住宅展[26]」のためにデザインされた家具、特にアルヴァが開発した、スタッキングチェアとソファベッドに興味をもった[27]。アイノはこの展覧会でモダン・キッチ

礼と、アールトの子供たちにスウェーデンに来てペルとオラ(ウォルマン)と一緒の夏を過ごしたらどうかと誘っている。AAS

22. Schildt 1985, pp. 58-61*
23. 会議への準備素材。Vorbereitung des zweiten internationalen Kongresses fuer neues Bauen, Frankfurt a.M. 26-29.9.1929. AAS
24. Stockholmsutställningen 1930. Officiell huvudkatalog. Uppsala 1930, pp. 13-19*
25. ジークフリート・ギーディオンからスヴェン・マルケリウスへ、1930年5月5日と6月11日。Giedion Archiv, Institut gta, ETH
26. Pienasunto? Pienasuntojen rationalisoimisosaston julkaisu Taideteollisuusnäyttelyssä 1930. S.l. 1930
27. ギーディオンはチューリヒの「ノイビュール・ハウジング博」の自身のプロトタイプのために注文したが、スイスに家具を運ぶには期間が短すぎて、アールト夫妻には対応できなかった。しかしこの後1932～1933年に椅子とソファベッドはフィンランド=スイス生産品として開発され、ギーディオンとウェルナー・モーザー、ルドルフ・グラバーが設立したウォーンベダルフ株式会社の製品として売られた。Rüegg 1998, p. 119-133* 参照。

左：ジークフリート・ギーディオンが提供した、スイスのヴォーンベダルフ社の新しい社会的、経済的なアイデアからの家具の例。アールトやマルセル・ブロイヤーの家具とモロッコのマットとカーペットが最初から含まれていた。

ンをデザインしている。1930年秋、クンストハレで開かれたこの展示は、この種のテーマではフィンランドで最初の展覧会であると考えられ、アールト家具の最も多くのスタンダード・モデルが生み出された[28]。

この展覧会のためにアイノが考えたアイデアは、CIAMのフランクフルト最小限住宅のために提示した1年前の案をベースにしていた。最も多くの建物で採用された有名なデザインのひとつは、建築家マルガレーテ・シュッテ=リホツキーのデザインしたフランクフルト・キッチン(Frankfurter Normenküche)と呼ばれるキッチンで[29]、6.5㎡という実に小さな面積でありながら、キッチンに必要なあらゆる要素を装備していた。「最小限住宅展」のためのアールト夫妻のデザインは、マルガレーテ・シュッテ=リホツキーのスタンダード・キッチンを直接的にモデルにしたもので、アイノのデザインは座ったままで台所仕事ができる提案であった。アメリカからヨーロッパに洋服の仕立て方の原則と一緒に伝わった、働く時の動きや姿勢についてのエルゴノミクスの考え方に通じていたことで可能になったデザインである。ヴァルター・グロピウスはこの考え方を1910年代初めに知り、デッサウのトルテン・ハウジング地区で、合理化した建設メソッドの開発に応用した[30]。

アイノ・アールトとヨーロッパのデザイン

1930年代初め、アールト夫妻は定期的に中央ヨーロッパを旅行した。彼らの好んだ行き先は、スウェーデンとデンマーク以外では、オランダ、ドイツ、フランスで、特にスイスだった。こうした旅行はしばしば、広がりつつあったアルヴァの国際的な交友によるものだったが、アイノにとっては、最新トレンドや潮流を積極的に視察する機会にもなった。ヨーロッパのデザイン、工芸の分野の動向を彼女がどう捉えたかについては、1931年以降の旅行日誌に記されている[31]。旅行日誌はアイノがデザインを考える段階でこの上ない源泉でもあった。新しい形態や素材をよく観察し、どんな小さなディテールも見逃さなかった。

1931年の旅行では、多くの興味深いテーマに出合い、それらは後のアールト夫妻のデザインの中で実現されている。1931年6月、アールト夫妻がアムス

28. Standertskjöld 1992, pp. 85-87*
29. Suominen-Kokkonen 1992, pp. 75-76*
30. Nerdinger 1996, p. 12, pp. 18-21*
31. アイノの旅行日誌 1931-1936年、プライベート・アーカイブズ Suominen-Kokkonen 1999a, pp. 154-156*; Suominen-Kokkonen 1999b, pp. 112-113* 参照。
32. アイノの旅行日誌 pp. 4-5、プライベート・アーカイブズ。
33. 1933年、ミラノにはアルヴァのみが招待された。Keinänen 1933, p. 164*
34. 展覧会のタイトルは最後まで決まらなかった。最初、英国の主催者である批評家のフィリップ・モートン・シャンドの案は、木と合版の展覧会だった。モートン・シャンドからアルヴァへの手紙、1933年8月22日～10月19日。AAS; 1933年のロンドン展についての資料、展覧会主催者。AAS
35. Keinänen 2002, pp. 142-144*; Schildt 1985, p.105, p.109*の図参照。
36. アイノ・アールトからリーヒマキ・ガラス器製造(日付なし)。AAS
37. Ólafsdóttir 1998*も参照。スオミネン=コッコネンの2000年のこの論文についての批評。pp.125-126

テルダムのインテリア・デコレーションの会社、メッツ・アンド・カンパニーを訪問した際には、アイノはヘリット・リートフェルトの板材でできた家具を間近に観察した[32]。その時に見たモロッコの毛織の絨毯は、その後アイノのインテリア・デザインに永続的に使われることになる。

旅行日誌には、アイノが「パイミオのサナトリウム」の家具によって国際的に称賛された1933年のミラノ・トリエンナーレについて何も記述されていないし[33]、同じ年の秋の、ロンドンの百貨店フォートナム・アンド・メイソンで行われたアールトの製品の初めての大きな展示についても、特に記述されてない。それはさておき、この展覧会ではアルヴァの家具だけでなく、アイノのテキスタイル、子供用家具、ガラス器とウェルナー・ウエストによる家具が展示されたことは特筆すべきである。「フィンランド家具展[34]」のイギリスでの広告には、アルヴァとアイノがデザイナーとして掲載され、ふたりのジョイント・デザインとして「リーヒメーエン・クッカ（リーヒマキの花）」のセットが展示された[35]。花瓶に加えて、アイノはリーヒマキガラス器製造に、「このシリーズの中から、私がデザインした取っ手付きの水差しとマーマレード・ジャーも出品するよう」依頼した[36]。

この後、アールト家具の国際的な販売が実現したが[37]、この段階でどのアールト家具が含まれていたのかという全貌はよくわからない。ただ「パイミオのサナトリウム」のインテリア・デザインの果たした役割は重要だったことは間違いなく、

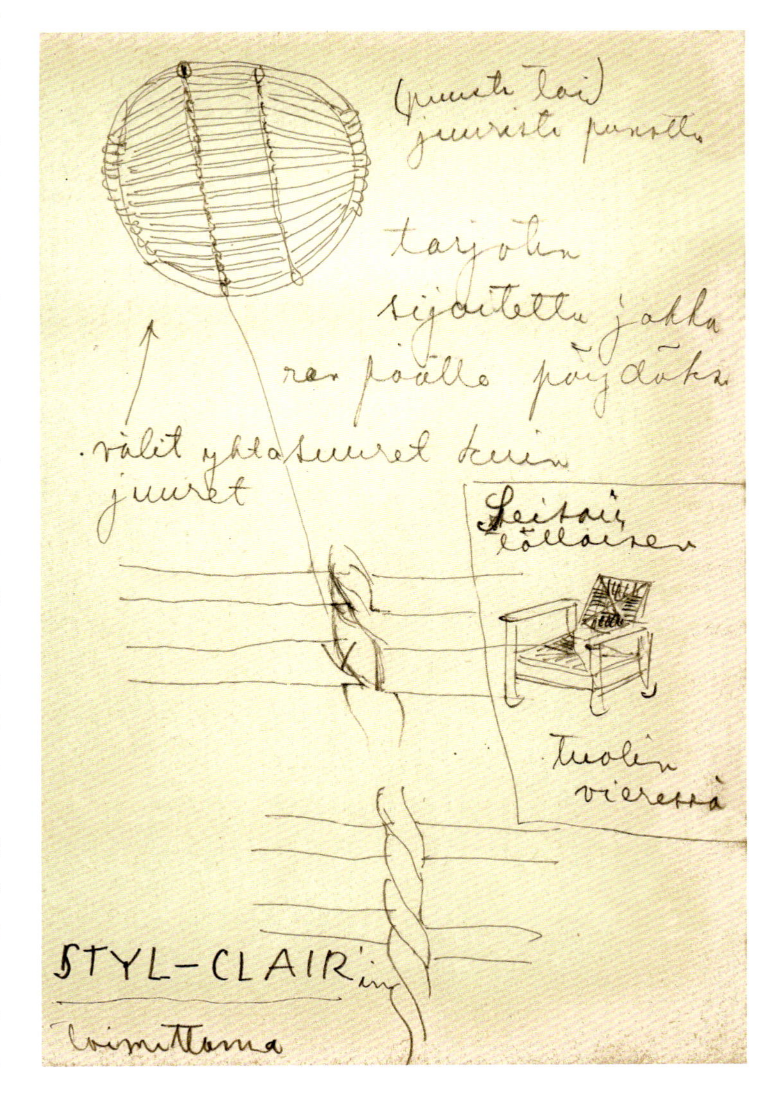

アイノの1935年の旅行日誌のページ。ブリュッセル世界博のためにル・コルビュジエとアシスタントがデザインした、若い男性のためのアパートメントのインテリア・デザイン（Élements mobiliers d'un appartment de jeune homme）についての書き込みが見える。

このときアイノとアルヴァのふたりは、家具生産について徹底的に探求し、コルホネン家具工場の支配人、オットー・コルホネンとモデルのテスト、デザインを行った。1930年代の主要なアールト・モデルは、「パイミオのサナトリウム」のために開発されたもので、メタル脚のものと木製脚のものがある。これらのデザインは明らかに大きなプレッシャーの下で準備されたものであり、またアイノはそのモデルのうちのいくつかをデザインしたほか、マーケティングや品質管理にも関わっている[38]。

アートとテクノロジー ―アルテック

イギリスでの展示からアールト家具の輸出が始まった。ビジネスマンのジェフリー・M・ボンフリーとアシスタントのJ・J・フォークナーがイギリスのパートナーとしてフィンマール株式会社を起こし、アールト家具の営業と販売を行った[39]。この展開はアールト夫妻にとっては重要なもので、「パイミオのサナトリウム」の完成後は、時にはイギリスでの家具の売上が彼らの主な収入源になったのである[40]。

1932年、「パイミオのサナトリウム」の看護師とシニア内科医のためにデザインしたメタル脚のソファ。

右頁：ロンドンの百貨店、フォートナム・アンド・メイソンで催された1933年のアイノとアルヴァによる「フィンランド家具展」では、英国の主催者の求めに応じて家具以外のものも展示された。この写真はガラス器の「リーヒメーエン・クッカ（リーヒマキの花）」コレクションである。

38. オットー・コルホネン家具工場のアーカイブズの一部は1940年の工場の火災で失われたが、パイミオ関連のものはよく残っている。Huonekalu-ja rakennustyötehtaan（家具・建設工場（コルホネン家具工場）の前身）から南西フィンランドの「パイミオのサナトリウム」への手紙、1932年9月8日～1933年11月3日および1933年5月29日と5月30日。Huonekalutehdas Korhonen（コルホネン家具工場）のアーカイブズ、Kallio 1985, pp. 29-32*; Suominen-Kokkonen 1992, pp. 80-81*, 図98-99

39. ジェフリー・M・ボンフリーからアルヴァへの手紙、1933年8月19日～1934年7月10日。AAS Ólafsdóttir 1998, pp. 117-122*も合わせて参照。

40. アールト夫妻の経済的問題については、Suominen-Kokkonen 2003b*参照。コルホネン家具工場の支配人の父オットー・コルホネンの後を継いだパーヴォ・コルホネンは、パイミオのプロジェクトの後、アルヴァの唯一の収入源は家具だったと、彼の父が語っていたことに触れている。パーヴォ・コルホネンへのインタビュー、2003年5月22日。

上：国を越えた友人であるヴァルター・グロピウス（左からふたり目）とカール・（「パパ」）・モーザー（右）と一緒のアールト夫妻。1930年代初期。

右：1935年のハリーとマイレ・グリクセン邸、ヘルシンキの新居の家具には、エルナ・キリャンダーとマリアンヌ・ストレンゲルのコティ＝ヘンメ社から購入したアールトの椅子が含まれていた。

下：標準化したアパートメントをつくることがが目的のトゥルクの実験的な「タパニ・ハウス」は1929年にアイノによってデザインされ、新しい種類の住まい方を奨励した。アールト夫妻は「南西フィンランド農業協同組合ビル」のブロイヤーのテーブルを運び込み、トーネットの椅子と合わせた。しかし後に用いられたモロッコのカーペットの代わりに、まだアーキペラゴのリヤー織りの手織り絨毯が敷かれている。

右頁、左：1930年代後半、初期のアルテック・ショップ。前面にはアイノがパリでオーダーした家具が並んでいる。枝編み細工の配膳テーブルと豚皮の張地の「コロニアル・チェア」。

右頁、右：ヘルシンキ1940年代初期、ファビアニンカッツ通りの板張りのアルテック・ショップ。ショップの入口前に立つスタッフ。真ん中が英語のできたソニア・サンデル。当時としては比較的珍しかった。

しかし、イギリスへの輸出はスムーズに進まなかった。まず製品の品質と包装に問題が起こり、増大する注文に、トゥルクの家具工場が追いつけなかった。さらなる問題の根源は、ボヘミアンのようなアルヴァがビジネスに求められる交渉や対応に向いていなかったことである[41]。さらに1935年春のオットー・コルホネンの50歳での急逝も、さまざまな問題を引き起こした。アールト夫妻も体調不良が続き、1935年ジークフリート・ギーディオンとウェルナー・モーザーが、中央ヨーロッパのアールト家具の重要な販路であったウォーンベダルフ社の持ち分を手放さなければならなかったという事態が重なって、アールト家具の販売、特に国外への販売とマーケティングについて早急に手を打たなければいけない状態になった[42]。

アルテックの歴史を調べると、最初の代表のニルス=グスタフ・ハールとアルヴァ・アールト、マイレ・グリクセンとの友人関係、その仲立ちをしたハールの役割の重要性が強調されがちである[43]。こうしたアルテック初期の物語は、主要な人物間の往復書簡や彼らへのインタビューに基づいている。しかしアイノの旅行日誌を参照してみると、物語はもっと深い。手紙の文面からわかるような簡単なことではなく、旅行日誌の記述やドローイングによると、アルテック設立の背景についての詳細がわかる。それによるとこの物語の主役であるアイノとアルヴァは、会社設立についての話が公になる何年も前から、このことを真剣に考えていたのである。

ヘルシンキでいちばん初めに消費者にモダン住居のインテリアの解決策を示したのは、間違いなくアルテックである。アルテック設立以前からある、建築家エルナ・キリャンダーとテキスタイルデザイナーのマリアンヌ・ストレンゲルが興した有名な会社コティ=ヘメット（ザ・ホーム）はアルテックの最初の社屋の隣にあった[44]。コティ=ヘメットは「パイミオのサナトリウム」の家具をヘルシンキで最初に販売していたが、知識階級の人たちは、こ

41. この問題については、フィンマール社とコルホネン家具工場との書簡によってわかる。フィンマール社のセールス・マネージャーへJ・J・フォークナーからの手紙、1935年4月26日～8月15日。コルホネン家具工場のアーカイブズ。

42. ウォーンベダルフ社の展開については、Mehlau-Wiebking & Rüegg & Tropeano 1989* 参照。

43. 参照。Suhonen 1986*; Schildt 1985*、ニルス=グスタフ・ハールからアルヴァ・アールトとアイノ・アールトへの手紙、1933年5月19日～1935年8月3日。AAS
しかしブリュッセル万国博覧会から1935年夏に送られた手紙によると、ハールの参加が当初から当然のことと思われていたわけではない。その手紙の中でハールはこの「事務仕事」を、イギリスの事情に詳しい誰か他の人に回そうと考えていた。

44. ヘルシンキ大学でのエルナ・キリャンダーについては目下準備中の研究がある。Waller 2002*。

45. コルホネン家具工場からアイリ=サッリ（原文 Anni-Sanni）・アハデへの手紙、1933年9月5日、10月4日。アールト家具を最初に注文した個人施主の中には、V・A・コスケンニエミ教授（工

場の手紙1933年1月13日)、トゥルクのラルス=イヴァル・リングボム(工場の手紙1933年1月21日)がいる。個人からの最初の注文は、建築学生のジュッシ・ラッピ=セッパラから来た(工場の手紙1933年4月11日)。コルホネン家具工場のアーカイブズ。

46. アイノの旅行日誌 pp.4-6, pp.10-16、プライベート・アーカイブズ。

47. Suominen-Kokkonen 1999 b, pp. 112-114*

48. ニルス=グスタフ・ハールからアルヴァとアイノへの手紙、1935年6月10日。AAS
ハールとアールト夫妻はブリュッセルですぐには会っていない。というのはアイノの旅行日誌によると、アールト夫妻は1935年6月5日にはブリュッセルに着いているからである。アイノの旅行日誌 p.49、プライベート・アーカイブズ。

49. Mehlau-Wiebking & Rüegg & Tropeano 1989*; Eliel 2001, pp. 57-60*; 1920~1925年の『エスプリ・ヌーヴォー』誌とル・コルビュジエの関係については Colomina 1994* を参照。

50. 明らかにマットとカーペットが大量にオーダーされた。アイノの旅行日誌 p. 28、プライベート・アーカイブズ。

51. フランスで、明らかに特別なカーペットが、スタイルクレア社を通してオーダーされた。アイノの旅行日誌 p.33, p. 42, p. 45、プライベート・アーカイブズ。

のさらに前からコルホネン家具工場から直接購入していた[45]。

上で述べたように、アイノの旅行日誌では、中央ヨーロッパのさまざまなインテリア・デザイン会社に焦点を合わせて詳細に描かれていて、そこに登場するオランダのメッツ・アンド・カンパニーの製品、そしてフランスのプランタン・デパート、スタイルクレア・インテリア・デコレーション社の特製品やイエナの型押し成型のガラス器、リヨンのゼブラ・プリントの布地は、1931年にはよく知られるようになっていた[46]。1935年、アールト夫妻はアイノが受けた奨学金もあって、ブリュッセル万国博覧会を見た後チューリヒを訪れ、そこでアイノはタール通りにある初めて見るウォーンベダルフの新しいショップを綿密に調査した[47]。ブリュッセル万国博覧会では、アールト家具のディスプレイをチェックするのに加え、アールト夫妻は、「パラグ=エスプリ・ヌーヴォー=センター」という名前で設立しようとしている会社についてニルス=グスタフ・ハールと協議した[48]。ハールが名付けようとしているこの語句は、思想的な背景を明確に示唆している。「パラグ」は工芸製品に重点を置いたジークフリート・ギーディオン自身の会社で、バックにはウォーンベダルフ社がいたが、独立して運営されていた。「エスプリ・ヌーヴォー」は、もともとは1925年パリの装飾美術博覧会のパビリオン、そしてル・コルビュジエ(この時はまだシャルル=エドゥアール・ジャンヌレ)とアメデエ・オザンファンが出版した雑誌の名前であった[49]。

1935年、夏の旅行から帰るとアルヴァは、やはりリヨンのゼブラ・プリント、バウハウスのマルセル・ブロイヤーのシェーズロング(寝椅子)と、オッティ・ベルガーの布地を注文した[50]。彼らはパリで途中下車して、折りたためる「コロニアル・チェア」を購入し、フィンランドに送った[51]。これらに関してアイノは、チューリヒのウォーンベダルフ・ショップやフランスの会社、ル・コルビュジエのパリにある「スイス学生会館」のインテリア・デザインに触発されて、細かくメ

モをしている[52]。アルテックが設立された年の秋、アールト夫妻はすでにアールト家具以外の製品について明確なアイデアをもっていた[53]。

その年の秋、アイノはアルテック設立準備のことだけを考えていて、古い旅行日誌をそのためのノートに使っていた[54]。ノートブックの終わりの方には見出しで「第一になすべきこと」とあり、その後の書き込みに、設立集会を呼び掛けること、物件を借りること、登録すべき社名を考えることとある。店の什器や、販売するアールト・モデルを注文し、また最低限、販売員と帳簿係をスタッフとして雇い入れなければならなかった。ノートには、アイノが最初に描いたショップのインテリア・デザインのスケッチもある[55]。この段階までには、店はヘルシンキの中心部のファビアニンカッツ通りのポホヨイスマイネン・ユイディスパンキ銀行のビルの中に入ることが決まった。初期の写真を見ると、イン

52. アイノの旅行日誌 p. 17, p. 25, pp. 46-47、プライベート・アーカイブズ。
53. スタイルクレア社からのオーダーがあり、それによってアールト夫妻がメケリニンカツからヘルシンキのトゥンティエ26番地に住所変更していることがわかる。「あなたたちもご存知の通り、ここに設立しようとしている会社で、フィンランドのあなたたちの製品を紹介したいので注文しました」。この時期までにはニルス・グスタフ=ハールが、この件についての助力を行っている。手紙にはAIA/NGHのイニシャルが書かれ、後半はタイプで打たれている。アイノとアルヴァからスタイルクレア社への手紙、1935年10月29日。AAS

テリアはこのアイノのデザインがもとになっていることがわかる。ショップのウインドーに置くアイテムについての詳細もこのノートに記されている。

初期のアルテックは、インテリア・デコレーションにエスニック製品を使うヨーロッパの流行にならい、北アフリカのウールのカーペットに特に関心を寄せていた。これは当時のアールト夫妻にとって決して新しいものではなく、1920年代後期にはすでに、トゥルクの「規格住宅」と彼らが呼んでいたモデル住宅のリビングの床に、フィンランドのリヤー織りを使っている[56]。アイノの旅行日誌にあるように、アールト夫妻は1931年にオランダで、これらのマットやカーペットに興味をもつようになり、ウォーンベダルフ・ショップや、1935年夏チューリヒで行われた彼らの主要な展覧会でも売られた[57]。アイノは1935年秋にこれらのカーペットをオーダーし、モロッコ北部の都市フェズと長期契約を結んでいたウォーンベダルフ社がそのオーダーの仲介をした[58]。1936年10月に開かれたアルテックの最初の展覧会に、これらのハンドメイドのカーペットやさまざまなカバー類が展示されて以来[59]、これらはグリクセン夫妻の住宅のインテリア・デザインに使われるようになった。

54. アイノの旅行日誌 p. 63、プライベート・アーカイブズ。
55. ショップのウインドーにはアールトのゼブラ・プリントの張地のタンク・チェアと呼ばれる椅子、ティー・テーブル、ダイニングのテーブルと椅子、いわゆるユニバーサル・デスクが置かれた。他にもその当時ファッショナブルであったたくさんの品物が置かれた。麦藁製品やマット、木製羽根板のパーティション・カーテン、大量のさまざまな布地、そして日本の品物など。アイノの旅行日誌 p. 62、プライベート・アーカイブズ。
56. これらのインテリアについては今まであまり研究されてこなかったが、この点は古い写真からチェックできる。リーナ・スヴィンフフヴッド（文学修士）が私に、このリヤー織りについてのコメントをくれた。
57. 当時ウォーンベダルフ社のオーナーだったルドルフ・グラバーがアルヴァに、1935年8月に計画されていたモロッコ製品の展示会は中止になったことを知らせている。グラバーからアルヴァへの手紙、1935年8月7日。AAS
58. ウォーンベダルフ社は高価なクラフト製品をかなりの値引きで販売した。彼らのエージェントは、ひとりのミスター・チャーリー・ブラウンだった。グラバーからアイノへの手紙、1935年10月15日。AAS
59. Suhonen 1986, pp. 90-91*

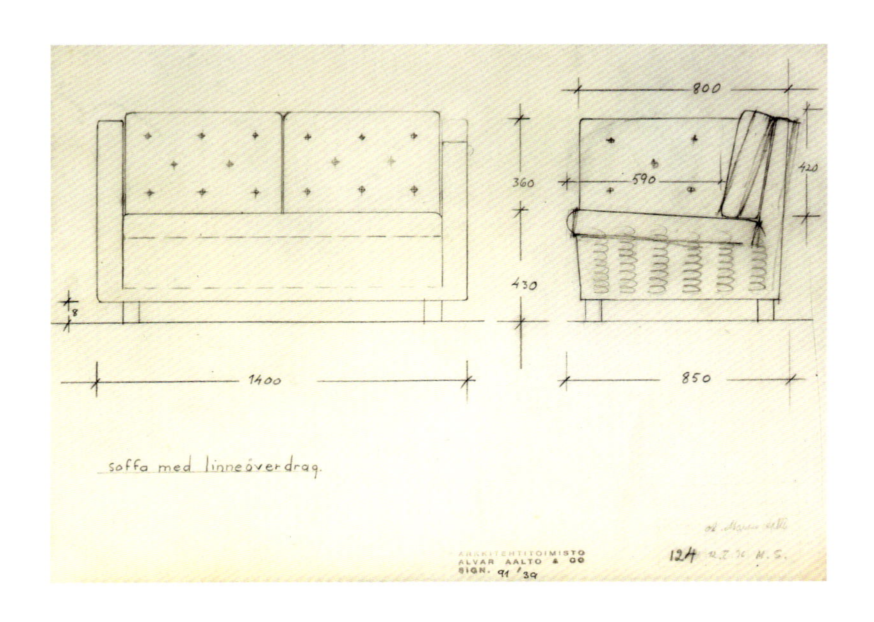

左頁：ヘルシンキの「グリクセン邸」の増築とインテリア・デザインもまた、アルテック初期の傑作であった。

右：1936年「グリクセン邸」のアイノのデザインによるアルテック・ソファ。

1939年、一部完成前の「ヴィラ・マイレア」に置かれた、ヘルシンキの「グリクセン邸」のためにアイノとアルヴァがデザインした家具。

グリクセンのふたつの家

裕福なマイレ・グリクセンとの交友がなかったら、アールト夫妻はアルテックを立ち上げることはできなかったであろう。ニルス=グスタフ・ハールがアールト夫妻とグリクセン夫妻を1935年秋に引き合わせた[60]のと同じころ、アールストレム社は南東フィンランドのコトカに近いスニラに大きな製紙工場を計画しており、ハリー・グリクセンがそのプロジェクトの先頭に立っていた。スニラ・プロジェクト全体を、ひとりの建築家アルヴァ・アールトに任せることになった背景にはグリクセンがいたのである[61]。こうしてスニラ・プロジェクトがアールト夫妻とグリクセン夫妻を固く結びつけ、従って1936年、ヘルシンキ・カイヴォプイストの「グリクセン邸」の増築デザインは当然、アールト夫妻と新しいアルテックに委嘱されたのである[62]。

「グリクセン邸」はアールト夫妻とグリクセン夫妻の両者にとって、理想的な住まい方を試す、ある意味で準備段階の作業であった。アパートメントの増築では、アールト夫妻は建ったばかりの「リーヒティのアールト邸」の考え方に近い方法でデザインした。ただし、すべてがカイヴォプイストの住宅で実現したわけではない。アルテックは、ダイニングのテーブル、椅子、食器棚、最初の

60. Schildt 1985, pp. 121-125*
61. このプロジェクトの背景については、例えば Korvenmaa 2004* を参照。「スニラ製紙工場」の範囲については、Hippeli 2004* を参照。
62. このヘルシンキ、カイヴォプイストのアパートメントについては、Suominen-Kokkonen 1997*; Suominen-Kokkonen 2004, pp. 101-118* 参照。

1939年にアイノがデザインしたオリジナルな状態の「ヴィラ・マイレア」のインテリア。

キューブ・ソファ・モデルなどのアイノのデザインした家具とアルヴァがデザインした牛革のチェアを提供し[63]、アルヴァの「パイミオ・チェア」は、アルテックより前からあるキリャンダーとストレンゲルのコティ=ヘメット社から購入された。1936年アイノとアルヴァは、ヘルシンキの「レストラン・サヴォイ」と、その隣のアールストレム社のバンケットルームのインテリアを、同じ考え方でデザインした[64]。

アールストレム社本社は創立以来フィンランド西部のノールマルクにあり、ここには歴代の経営者たちが建てた、それぞれ印象的なヴィラと住まいがある。グリクセン夫妻、特にマイレ・グリクセンもまた、一族がつくったこの地に自分たちの足跡を刻みたいと思った。グリクセン夫妻の新しい住宅「ヴィラ・マイレア」のデザインはアイノとアルヴァに委嘱され、クライアントと建築家の、この親密で信頼に満ちた関係によって、アールト事務所の最も重要なプロジェクトのひとつになった[65]。「ヴィラ・マイレア」の前に、アールト夫妻はモダニズムに基づいたヴィラを幾つかデザインしている。そのうちで重要なのは1936年のヘルシンキの「リーヒティのアールト邸」[66]と、1937年「スニラ製紙工場」の支配人の住宅である[67]。「カントラ」と呼ばれるこのヴィラでは、「リーヒティのアー

63. Harry ja Maire Gullichsenin koti Helsingissä 1936*（ヘルシンキのハリーとマイレ・グリクセンの住まい）、drawings 91/26-55. AAS
64. Inredningen i restaurang Savoy. *Arkitekten* 10/1937, pp. 169-171*
65. ヴィラの建設とその背景については、Pallasmaa 1998, pp.70-103* 参照。
66. Suominen-Kokkonen 2003b, pp. 7-37*
67. Hipeli 2004, pp. 45-46, p. 116*

1930年のフィンランド工芸デザイン協会の「最小限住宅展」のためのアイノとアルヴァのデザインと家具の展示。パーティションを低くして、来場者が上から観察できるようにしている。

ルト邸」の平面を明らかに応用しているのに対して、「ヴィラ・マイレア」は全く異なる新しいコンセプトで全体がデザインされている。しかしディテールの設計においては、アールト夫妻はスニラの住宅の考え方を発展させている。

「ヴィラ・マイレア」のインテリア・デザインでは、ゲストを迎え、もてなす、オフィシャルな住宅としての高い質とスペースの要請と、また3人の子供のいる家族の住宅としての要求の両方を考慮に入れなければならなかった。相当な量に膨らんだグリクセン夫妻のアート・コレクションにもスペースが必要だった[68]。自分たちのデザイン全体の意図からは外れているとしても、アールト夫妻は住宅のデザインではクライアントの提案や要望を決してないがしろにすることはなく[69]、ル・コルビュジエが直面したような論争を引き起こすような事態にはならなかった[70]。

「ヴィラ・マイレア」が建ってすぐのころは、ヘルシンキの「グリクセン邸」から家具が持ち込まれた。当時撮られた写真を見ると、これらはヴィラのインテリアに重要なアクセントになっている。しかしもともとの計画では、「パイミオ・チェア」の新しいタイプや、アールト家具の別のシリーズなど、アルテックで作られた個々の家具を、竣工後すぐに設置することになっていた。「ヴィラ・マイレア」のためのユニークな家具のデザインは完全にアイノの責任で行われた。詳細はおそらくマイレ・グリクセンとの討議によって決められたが、その結果選ばれた家具によって、「ヴィラ・マイレア」のインテリアには独特の雰囲気が加

68. 「ヴィラ・マイレア」のデザインのこれらさまざまな面について検討した詳細については、Suominen-Kokkonen 1992; Suominen-Kokkonen 1998, pp. 126-135*; Suominen-Kokkonen 2004* 参照。
69. アルヴァ・アールトのクライアントとの関係についてはヨハンナ・アラネンによるコメント、Lahti 1997, pp. 19-20* 参照。
70. 異なった姿勢についての良い例は「ラ・ロッシュ=ジャンヌレ邸」の歴史にみられる。Benton 1987, pp. 45-75*

わった。ユニークなソファのデザイン、背もたれのないベンチ、そのうち暖炉の近くに置かれたものは特別に牛革の張り地が施された。図書室の会議用テーブルと椅子、ダイニングの家具、花と音楽の部屋の枝編み細工の椅子のセット。これらの家具に加え、たくさんの小テーブル、付け加えられた棚類、いろいろな照明器具によって全体の雰囲気ができ上がった。インテリアが完成したことによって「ヴィラ・マイレア」は間違いなく、国内外の工場や文化を先導する人びとに対するアルテック製品の、最も洗練されたショーケースになった。

「ヴィラ・マイレア」はしばしばアルヴァ・アールトひとりの傑作のように言われるが、アイノ・アールトが第二の、そして独立したデザイナーとして貢献している。このふたりには、平等な秤で建築家を選ぶ広い心をもったクライアントの要望に沿って、アートをトータルに創造する力があった。

トータルな住まいの理想

1920年代終わりころのアイノとアルヴァの作品のコンセプトや実際のデザインには、ヴァルター・グロピウスがバウハウスで目指した考え方につながる、合理的で、実用的でほとんど禁欲主義的とも言える形態言語への傾倒が見られた。その目標は、アートとクラフト、工芸を、新しい総合芸術としての建築、統合された芸術作品 — アインハイツクンストヴェルク(Einheitskunstwerk) — に結実させることだった[71]。このころのアールト夫妻は、人間味のある、社会的に公正な建築とデザインを目標に掲げていた。アールト夫妻とグロピウスのどちらにとっても、こうしたコンセプトは芸術のユートピアであったが、実際の住宅地区の計画や個人住宅とアパートメントのデザインの中で、アールト夫妻はその理想に近づいていた。ふたりとも、都市が大きな住宅であること、住宅が小さな都市であること、そして個々の家庭は社会の縮図であるということを、はっきりと理解していた。アイノは夫アルヴァとまったく同じように、独立した個人として、自身のモダンの理想を実現できていた。「私の母は洗練された女性でモダンな人でしたが、決してそれだけではありませんでした[72]」。

71. 'Das Bauhaus erstrebt die Sammlung alles künstlerischen Schaffens zur Einheit, die Wiedervereinigung aller werkünstlerischen Disziplinen-Bildhaueri, Malerei, Kunstgewerbe und Handwerk-zu einer neuen Baukunst als deren unablösliche Bestandteile. Das letzte, wenn auch ferne Ziel des Bauhauses ist das Einheitskunstwerk'. バウハウスのマニフェストとプログラムについては、例えば Droste 1998, pp.18-19*

72. ハミルカル・アールトの母についての描写は、Lahti 1997, p.29* 参照。

230-231頁：1937年夏、パリ万国博覧会でのアイノとアルヴァ。

執筆者紹介

ヘイッキ・アラネン
アイノ・アールトとアルヴァ・アールトの孫で、アルヴァ・アールト財団の役員会の副会長。アルヴァ・アールト・アカデミー役員、アルテック株式会社役員。専門は弁護士で、ノルデア銀行フィンランドの法律顧問。

アルネ・ヘポラウタ
1996年からアルヴァ・アールト博物館研究員。アルヴァ・アールトの通信文コレクションを編纂。

ミア・ヒペリ(文学修士)
アルヴァ・アールト博物館キュレーター。長年にわたり博物館所蔵の図面コレクションの管理を担当。アルヴァ・アールトが計画・デザインした「スニラ製紙工場」の本社オフィス、レジャー施設、労働者住宅を研究。

マルヤーナ・ラウノネン(文学修士)
1999年から2004年までアルヴァ・アールト博物館研究員。アイノとアルヴァの生涯の作品と個人史に関する写真コレクションを研究。

カーリナ・ミコランタ(文学修士)
アルヴァ・アールト博物館キュレーター。アイノとアルヴァのデザイン・ワークを研究。

レンヤ・スオミネン=コッコネン(博士)
ヘルシンキ大学の美術史のシニア・レクチュアラー。女性建築家についての著書を多数執筆。

出典

略号

AAS
アルヴァ・アールト財団、アルヴァ・アールトアトリエ、ヘルシンキ
アルヴァ・アールト財団、アルヴァ・アールト博物館、ユヴァスキュラ
Alvar Aalto Säätiö, Alvar Aallon ateljee, Helsinki
Alvar Aalto Säätiö, Alvar Aalto-museo, Jyväskylä

聞き取り情報源

ハミルカル・アールト、ヘルシンキ
Aalto, Hamilkar, Helsinki

スサナ・アールトネン、ヘルシンキ
Aaltonen, Susanna, Helsinki

ヨハンナ・アラネン、トゥルク
Alanen, Johanna, Turku

オッシ・アシカイネン、フィンランド写真芸術博物館、ヘルシンキ
Asikainen, Ossi, Suomen valokuvataiteen museo, Helsinki

パーヴォ・コルホネン、トゥルク
Korhonen, Paavo, Turku

ベン・アフ・シュルテン、ヘルシンキ
af Schultén, Ben, Helsinki

カイス・ヴィーカリ、トゥルク
Viikari, Kaisu, Turku

非刊行物

アルヴァ・アールト財団(AAS)
Alvar Aalto Säätiö (AAS)

アルヴァ・アールトアトリエ、ヘルシンキ
Alvar Aallon ateljee, Helsinki

手紙、および記録コレクション
アルヴァ・アールト博物館、ユヴァスキュラ
Alvar Aalto-museo, Jyväskylä

図面コレクション／写真コレクション
スイス連邦工科大学(ETH)、チューリッヒ
建築史および建築理論協会、ギーディオン・アーカイブズ
Eidgenössische Technische Hochschule, Zürich(ETH) Institut gta
(Instituts für Geschichte und Theorie der Architektur), Giedion-Archiv

ジョージ・エストマン・ハウス、ニューヨーク
George Estman House, New York

ヘルシンキ大学図書館(HYK)、ヘルシンキ
Helsingin yliopiston kirjasto (HYK), Helsinki

コルデリン財団、建築および装飾芸術
Kordelinin Rahasto, arkkitehtuuri ja koristetaide

コルホネン家具工場、リットイネン
Huonekalutehdas Korhonen Oy, Littoinen

アーカイブズ
国立文書史料館(KA)、ヘルシンキ
Kansallisarkisto (KA), Helsinki

建築アーカイブズ
国立古美術研究所(MV)、ヘルシンキ
Museovirasto (MV), Helsinki

北欧博物館、トゥクホルマ/ストックホルム
Nordiska museet, Tukholma/Stockholm

アルテック史料館(AAH)、ヘルシンキ
Oy Artek Ab:n arkisto (AAH), Helsinki

家具施工図
アルテック史料館(AAJ)、ユヴァスキュラ
Oy Artek Ab:n arkisto (AAJ), Jyväskylä

図面コレクション
特許登録委員会(PRH)
Patentti- ja rekisterihallitus (PRH)

パテント出版物コレクション
ソニヤ・サンデリン・コレクション
Sonja Sandellin kokoelma

戦争史料館(SA)、ヘルシンキ
Sota-arkisto (SA), Helsinki

ヘルシンキ地区兵隊参謀、基地
Helsingin sotilaspiirin esikunta, kantakortit

フィンランド文学協会、音声資料館(SKSÄ)、ヘルシンキ
エイノ・マキネンインタビュー
Suomalaisen kirjallisuuden seura, äänitearkisto (SKSÄ), Helsinki Eino Mäkinen haastattelut

フィンランド映画アーカイブズ(SEA)、ヘルシンキ
Suomen elokuva-arkisto (SEA), Helsinki

フィンランド手工芸博物館(SKM)、ユヴァスキュラ
Suomen käsityön museo (SKM), Jyväskylä

キーカン・マットクトモン・コレクション
Kiikan mattokutomon kokoelma

フィンランド建築博物館(SRM)、ヘルシンキ
Suomen rakennustaiteen museo (SRM), Helsinki

フィンランド写真芸術博物館(SVM)、ヘルシンキ
Suomen valokuvataiteen museo (SVM), Helsinki

ヘルシンキ工科大学(TKK)、エスポー
Teknillinen Korkeakoulu (TKK), Espoo

学生ノート
建築学部図面アーカイブズ
マルタ・ウォッラー　建築家・デザイナー エルナ・キリャンダー
未発表 美術史研究者セミナー(2002年3月27日)
Waller, Märta, Arkitekten och formgivaren Elna Kiljander.
Julkaisematon taidehistorian tutkijaseminaarityö 27.3.2002

プライベート・アーカイブズ
講義ノート
ドラフトスコア
旅行日誌
写真コレクション

出版物

Aalto, Aino och Alvar Aalto, 1937, Inredningen i restaurang Savoy, Arkitekten 11.

Aalto, Aino, 1944, "Vi bo i Friluftsstaden", Arkkitehti 10.

Aalto, Alvar, 1929, Standardivuokratalo Läntinen Pitkäkatu 20, Turku, Arkkitehti 6.

Aalto, Alvar, 1929, Lounais-Suomen maalaistentalo, Turku, Arkkitehti 6.

Aalto, Alvar, 1930, Näyttelymme, Pienasunto? Pienasuntojen rationalisointiosaston julkaisu Taideteollisuusnäyttelyssä 1930, Näyttelyluettelo, s.l.

Aalto, Alvar, 1933, Paimion parantola, Arkkitehti 6.

Aalto, Alvar, 1934, Paimion parantolan asuinrakennuksia, Arkkitehti 6.

Aalto, Alvar, 1938, Sunilan sulfaattiselluloosatehdas, Arkkitehti 10.

Aalto, Alvar, 1939, New Yorkin maailmannäyttely, Arkkitehti 8.

Aalto, Jussi, 1986, Sakari Pälsi näppäili hyviä kuvia, Otava.

Arkkitehti / Arkitekten, numerot 3/1929, 5/1929, 6/1929, 6/1930, 9/1931, 12/1931, 4/1932, 5/1932, 7/1932, 6/1933, 6/1934, 10/1935, 7/1936, 5/1938, 8/1939, 9/1939, 11-12/1939, 10/1944, 7-8/1946, 4-5/1947, 1-2/1950, 4/1950.

Artek No2, s.a., Keskuskirjapaino, s.l. (tuotekuvasto).

Artek, Terveys- ja lastentalojen huonekaluja, s.a., s.l. (tuotekuvasto).

Asuntotarviketeollisuus pyrkii yhä määrätietoisemmin tyydyttämään sosialisetkin vaatimukset, Suomen Sosialidemokraatti (Sos.dem.) 14.7.1935.

Benton, Tim, 1987, The Villas of Le Corbusier 1920-1930, Yale University Press, New Haven & London.

Blomstedt, Rafael, 1930, Pienasuntonäyttely, Domus 8-10/1930.

Cedercreutz, Jonas, 1984, Aalto suunnitteli Viipurin kirjastoa Terijoella, Terijoki, Unelma ennen myrskyä, Kotiseutumuistoja II, Arvi A. Karisto Oy, Hämeenlinna.

Colomina, Beatriz, 1994, Privacy and Publicity, Modern Architecture as Mass Media, MIT. Cambridge, Mass.
ビアトリス・コロミーナ『マスメディアとしての近代建築—アドルフ・ロースとル・コルビュジエ』(松畑強訳、鹿島出版会、1996年)

Droste, Magdalena, 1998, Bauhaus 1919-1933, The Bauhaus-Archiv, Benedikt Taschen, Berlin.

Eliel, Carol S., 2001, Purism in Paris 1918-1925, L'Esprit Nouveau, Purism in Paris 1918-1925, Harry N. Abrahams, New York.

E. M-n. [Mäkinen, Eino] 1930, Uusi suunta, Valokuvaus 1/1930.

E. M-n. [Mäkinen, Eino] 1931, Tupakkapuhetta sommittelusta, Valokuvaus 9/1931.

Enäjärvi, Elsa, 1929, Turun suomalainen teatteri, Tulenkantajat 29.

Finland - Kartbok, Kartasto - Suomi, 1894, Suomen Matkailija-Yhdistys, Helsinki.

Finland tog Grand Prix i Milano, Hufvudstadsbladet (HBL) 30.10.1936.

Giedion, Sigfried, 1974, Space, Time and Architecture, The growth of a new tradition, Fift Printing 1974, Cambridge, Massachusetts, Harvard University Press.
S・ギーディオン『新版　空間・時間・建築』(復刻版)(太田實訳、丸善、2009年)

Gritt. [--]. Möbeltyg av papper i Finland, Dagens Nyheter (DN) 22.8.1944.

Gropius, Walter, (1929) 1955, Sociological Premises for the Minimum Dwelling of Urban Industrial Populations, Scope of Total Architecture, World Perspectives, Volume 3, Harpers and Brothers Publishers, New York.

Gräff, Werner, 1929, Es kommt dur neue Fotograf! Verlag Herman Reckendorf G. M. B. H. Berlin.

Helenius, Marja, 1982, Arkkitehteja, Architects, Architectan 40-vuotisnäyttely/ Architecta's 4o-year exhibition, Helsingin kaupungin taidemuseo 24.9.-14.11.1982, Painotekniikka Oy.

Herler, Igor, 1984, Early furniture and interior Design, alvar aalto furniture, Ed. Juhani Pallasmaa, Helsinki: Museum of Finnish Architecture, Finnish society of Crafts and Design, Artek.

Henttonen, Maarit, 1995, Elsi Borg 1893-1958 arkkitehti, Suomen Rakennustaiteen Museo, Helsinki.

Hipeli, Mia, 2004, Sunila pulp mill and residential area, Sunila 1936-54, Alvar Aalto Architect, Vol. 7, Alvar Aalto Foundation, Alvar Aalto Academy, Helsinki.

Kallio, Marja, 1985, Korhonen 75, Huonekalutehdas Korhonen Oy, Turku.

Kansakunnan muistikuvat, Filmihullu 7-8/1978.

Keinänen, Timo, 1988, Aino ja Alvar Aalto lasin muotoilijoina, Sävy-paino, s.l.

Keinänen, Timo, 1993, Milanon triennaali 1933 ja Suomi, Taidehistorian tutkimuksia, Konsthistoriska studier 13, Taidehistorian Seura, Föreningen för konsthistoria, Helsinki.

Keinänen, Timo, 2002, Aino and Alvar Aalto as glass designers, Alvar Aalto, Designer, Ed. Pirkko Tuukkanen, Alvar Aalto Foundation, Alvar Aalto Museum, Helsinki.

Korvenmaa, Pekka (ed.) 2004, Sunila 1936-54, Alvar Aalto Architect, Volume 7, Publ. by Alvar Aalto Foundation, Alvar Aalto Academy, Helsinki.

Korvenmaa, Pekka, 2004, Modern architecture serving modern production, Sunila 1936-54, Alvar Aalto Architect, Vol. 7, Alvar Aalto Foundation, Alvar Aalto Academy, Helsinki.

Kovero, Martti, 1955, Helsinki teollisuuskaupunkina, Helsingin kaupungin historia, IV osa, ensimmäinen nide.

Lahti, Louna, 1997, Alvar Aalto ex intimo - aikalaisten silmin, Atena Kustannus Oy, Jyväskylä.
ロウナ・ラハティ『アルヴァ・アールト』(タッシェン・ジャパン、2007年)

Lilius, Henrik, 1983, Kaupunkirakentaminen 1856-1900, Suomen kaupunkilaitoksen historia 2, 1870-luvulta autonomian ajan loppuun, Suomen Kaupunkiliitto, Kunnallispaino Oy, Vantaa.

Lukkarinen, Ville, 1989, Classicism and History, Anachronistic Architectural Thinking in Finland, At the Turn of the Century, Jac Ahrenberg and Gustaf Nyström, Suomen Muinaismuistoyhdistyksen Aikakauskirja, Finska Fornminnesföreningens Tidskrift 93, Helsinki.

Marsio-Aalto, Aino, 1929, Villa Flora, Arkkitehti 5.

Mehlau-Wiebking, Friederike & Röegg, Arthur & Tropeano, Ruggero, 1989, Sweitzer Typenmöbel 1925-1935, Sigfried Giedion und die Wohnbedarf AG, Dokumente zur moderner Schweizer Architektur, gta Verlag, Zürich.

Meskimmon, Marsha, 1999, We Weren't Modern Enough, Women Artists and the Limits of German Modernism, Weimar and Now, German Cultural Criticism 25, University of Calofornia Press, Berkeley & Los Angeles.

Mikkola, Kirmo, 1985, Aalto, Jyväskylässä Kustannusliike Gummerus.

Mikonranta, Kaarina, 2002, Alvar Aalto, Master of Variation, Alvar Aalto, Designer, Ed. Pirkko Tuukkanen, Alvar Aalto Foundation, Alvar Aalto Museum, Helsinki.

Mitä arkkitehti Aallolle kuuluu, Sisä-Suomi 18.8.1928.

Moholy-Nagy, László, 1986, Malerei, Fotografie, Film, Neue Bauhausbücher, Berlin: Gebr. Mann Verlag.
L・モホリ・ナギ『絵画・写真・映画』(バウハウス叢書)(利光功訳、中央公論美術出版、1993年)

Mäkinen, Eino, 1929, Uusia näkemyksiä, Valokuvaus 2/1929.

Nenonen, Vilho, 1981, Tavattiin Brondalla, Suomalaisen Kirjallisuuden Seura, Länsi-Savo Oy; n kirjapaino.

Nerdinger, Winfried, 1996, Der Architekt Walter Gropius, Zeichnungen, Pläne und Photos, mit einem kritischen Werkverzeichnis, 2, erveiterte Auflage, Gebr. Mann Verlag, Berlin.

Nummijärvi, Anja, 1992, Palkan ja työttömyysturvan sääntelystä, Naisnäkökulmia työ- ja sosiaalioikeuteen, Naisnäkökulma oikeuteen, Oy Gaudeamus Ab. Tampere.

Nykysuomen sanakirja, 1963, Toinen osa J-K. Valtion toimeksiannosta teettänyt Suomalaisen Kirjallisuuden Seura, Werner Söderström Osakeyhtiö, Helsinki.

Ólafsdóttir, Ásdís, 1998, Le mobilier d'Alvar Aalto dans l'espace et dans le temps, La diffusion internationale du design 1920-1940.

Publication de la Sorbonne, Historie de l'Art 10, Paris.

Pallasmaa, Juhani, 1998, Image and Meaning, Alvar Aalto, Villa Mairea 1938-39, Alvar Aalto Foudation, Mairea Foundation, Helsinki.

Pallasmaa, Juhani (ed.) 2003, The Aalto House 1935-36, Alvar Aalto Architect, Volume 6, Publ. by Alvar Aalto Foundation, Alvar Aalto Academy, Helsinki.

Pallasmaa, Juhani 2003, Rationality and domesticity, The Aalto House 1935-36, Alvar Aalto Architect, Volume 6, Publ. by Alvar Aalto Foundation, Alvar Aalto Academy, Helsinki.

Pienasunto? Pienasuntojen rationalisointiosaston julkaisu Taideteollisuusnäyttelyssä 1930, Näyttelyluettelo, s.l.

Pohjoismainen arkkitehtitaide sangen korkealla tasolla, Keskisuomalainen 19.11.1926.

Pylkkänen, Anu, 1992, Perheen sukupuolijärjestelmä, Naisnäkökulma oikeuteen, Oy Gaudeamus Ab. Tampere.

-r[--]. Pienasunnon rationalisointinäyttely, Helsingin Sanomat (HS) 6.12.1930.

Rekola, Anna-Liisa, 1997, Miksi elämä erottaa, Vanhempieni tarina, Otava.

Rüegg, Arthur, 1998, Nemo Propheta in Patria, Alvar Aalto und der Zürcher Wohnbedarf, 'Der Magus des Nordens', Alvar Aalto und die Schweiz, gta Verlag, Zürich.

Saraste, Leena, 1996, Valokuva tradition ja toden välissä, Taideteollisen korkeakoulun julkaisusarja B 45, Helsinki: Musta taide.

Saukkonen, Jussi, 1962, Helsingin kunnalliselämä vv. 1918-1945, Helsingin kaupungin historia, V osa, ensimmäinen nide, Suomalaisen kirjallisuuden Kirjapaino Oy, Helsinki.

Savolainen, Irma, 1992, Taiteilijoita, käsityöläisiä ja taivaanrannanmaalareita, Turkulaiset valokuvaajat vuoteen 1918, Turun maakuntamuseo, raportteja 15.

Schildt, Göran, 1982, Valkoinen pöytä, Alvar Aallon nuoruus ja taiteelliset perusideat, Kustannusosakeyhtiö Otava, Helsinki.
ヨーラン・シルツ『白い机(1)若い時—アルヴァ・アアルトの青年時代と芸術思想』(田中雅美・田中智子訳、鹿島出版会、1989年)

Schildt, Göran, 1985, Nykyaika, Alvar Aallon tutustuminen funktionalismiin, Kustannusosakeyhtiö Otava, Helsinki.

Schildt, Göran, 1985, Moderna tider, Alvar Aaltos möte med funktionalimen, Söderström & C:o förlags Ab. Keuru.
ヨーラン・シルツ『白い机(2)モダン・タイムス—アルヴァ・アアルトと機能主義の出会い』(田中雅美・田中智子訳、鹿島出版会、1993年)

Schildt, Göran, 1989, Inhimillinen tekijä, Alvar Aalto 1939-1976, Kustannusosakeyhtiö Otava, Helsinki.
ヨーラン・シルツ『白い机(3)円熟期—アルヴァ・アアルトの栄光と憂うつ』(田中雅美・田中智子訳、鹿島出版会、1998年)

Schildt, Göran, 1990a, Det vita bordet, Alvar Aaltos ungdom och grundläggande konstnärliga idéer, Otava, Helsinki.

Schildt, Göran, 1990b, Moderna tider, Alvar Aaltos möte med funktionalismen, Otava, Helsinki.

Setälä, Salme, 1930, Huonekalumietteitä taideteollisuusnäyttelyn johdosta, Kotiliesi 1930 no 1.

Setälä, Salme, 1970, Polusteekin koulussa, Opiskelua kymmenluvulla, Kustannusosakeyhtiö Otava, Helsinki.

Setälä 1892-1985, 1992, Toim. Eila Haikarainen, Suomen valokuvataiteen museon näyttelyluettelo, Lahti.

S. [igne]T-lt. [Tandeflet] 1936, Finländsk konstindustri till Triennalen, Hufvudstadsbladet (HBL) 17.5.1936.

Sihteeri [Ekelund, Hilding] 1928, Arkkitehti VIII No.5 1928, Rakennustaiteellinen aikauslehti, Julkaisija Suomen Arkkitehtiliitto.

Sisustusteollisuuden tekstiilitöissä havaittavissa ulko-eurooppalaisia vaikutteita, Uusi Aura (UA) 10.7.1935.

Snellman, Kaisu, 1933, Suomalainen koivu taivutettuna palvelemaan englantilaista makua, Suomen kuvalehti 48/1933.

Standertskjöld, Elina, 1992, Alvar Aalto ja standardisointi, Alvar Aalto and Standardisation, Standardien taide, The Art of Standards, Acanthus, Suomen rakennustaiteen museo, Museum of Finnish Architecture, Helsinki.

Stockholmsutställningen 1930 av konstindustri, konsthantverk och hemsljöd, Maj-September, Officiell huvudkatalog, Almqvist & Wicksell, Uppsala.

Suhonen, Pekka, 1985, Artek, alku, tausta, kehitys, Artek, Helsinki.

Suhonen, Pekka, 1986, Artek, start, bakgrund, utveckling, Artek, Esbo.

Suomalaisilla huonekaluilla vientimahdollisuuksia, Norjaan ryhdytään viemään valmiita tyyppihuonekaluja, Arkkitehtipari Aallolla piakkoin näyttely Englannissa, Uusi Aura (UA) 24.9.1933.

Suomen Teknillinen Korkeakoulu, opetusohjelma lukuvuotena 1913-1914, Helsinki, 1913.

Suominen-Kokkonen, Renja, 1992, The Fringe of a Profession, Woman as Architects in Finland from the 1890s to the 1950s, Suomen Muinaismuistoyhdistyksen Aikakauskirja, Finska Fornminnesföreningens Tidskrift 98, Helsinki.

Suominen-Kokkonen, Renja, 1997, Designing a Room of One's Own-the Architect Aino Marsio-Aalto and Artek, Scandinavian Journal of Design History, Vol. 7.

Suominen-Kokkonen, Renja, 1998, The Interior Design, Alvar Aalto, Villa Mairea 1938-39, Alvar Aalto Foundation, Mairea Foundation, Helsinki.

Suominen-Kokkonen, Renja, 1999a, Aalto, Artek and design, Alvar Aalto and Helsinki, WSOY, Porvoo & Helsinki & Juva.

Suominen-Kokkonen, Renja, 1999b, 'Aamukahvi Pariisissa, aamiainen Amsterdamissa', Eurooppa ja matkustavat naisarkkitehdit Wivi Lönn ja Aino Marsio-Aalto, 'Morning Coffee in Paris, Lunch in Amsterdam', Europe and the travelling women architects Wivi Lönn and Aino Marsio-Aalto, Matkalla! Suomalaiset arkkitehdit opintiellä, En Route! Finnish architects' studies abroad, Suomen rakennustaiteen museo, Museum of Finnish Architecture, Helsinki.

Suominen-Kokkonen, Renja, 2000, Book Review: Ásdís Ólafsdóttir, Le mobilier d'Alvar Aalto dans l'espace et dans les temps, 1998, Scandinavian Journal of Design History, Vol. 10.

Suominen-Kokkonen, Renja, 2003a, From Alberti to Aalto-The Trinity of Domicile, Family and Architecture, Songs of Ossian, Festschrift in Honour of Profesor Bo Ossian Lindberg, Taidehistoriallisia tutkimuksia, Konsthistoriska studier 28, Taidehistorian seura, Föreningen för konsthistoria, Helsinki.

Suominen-Kokkonen, Renja, 2003b, The Ideal Image of the Home, The Aalto House and the Homes of Aino and Alvar Aalto, The Aalto House 1935-1936, Alvar Aalto Architect, Volume 6, Alvar Aalto Foundation, Alvar Aalto Academy, Helsinki.

Suominen-Kokkonen, Renja, 2004, A Library of Art? The Villa Mairea and Notes on the Gender of Art Collector, Rakkaudesta kaupunkiin, Riitta Nikulan juhlakirja, Taidehistoriallisia tutkimuksia, Konsthistoriska studier 28, Taidehistorian seura, Föreningen för konsthistoria, Helsinki.

Tanner, Väinö, 1966, Näin Helsingin kasvavan, Kustannusosakeyhtiö Tammi, Helsinki.

Tausk, Petr, 1980, Fotografins historia under 1900-talet.

Uusitalo, Kari, 1965, Suomalaisen elokuvan vuosikymmenet, Johdatus kotimaisen elokuvan ja elokuva-alan historiaan 1896-1963, Helsinki: Otava.

Valoa 1839-1999, Otteita suomalaisen valokuvan historiaan 1999, Toim. Kukkonen Jukka & Vuorenmaa Tuomo-Juhani, Suomen valokuvataiteen museo, Helsinki.

Valokuvaus, numerot 2/1929, 1/1930.

Varsinais-Suomen Tuberkuloosiparantola, s.a, Kirjapaino Polytypos, Turku.

Waris, Heikki, 1950a, Helsinkiläisyhteiskunta, Helsingin kaupungin historia, III osa, jälkimmäinen nide, Suomalaisen Kirjallisuuden Seuran Kirjapainon Oy, Helsinki.

Waris, Heikki, 1950b, Köyhyys ja köyhäinhoito, Helsingin kaupungin historia, III osa, jälkimmäinen nide, Suomalaisen Kirjallisuuden Seuran Kirjapainon Oy, Helsinki.

Weston, Richard, 1995, Villa Mairea, Phaidon, London.

Woirhaye, Helena, 2002, Maire Gullichsen, Taiteen juoksutyttö, Taideteollisuusmuseo, Helsinki.

Wäre, Ritva, 1991, Rakennettu suomalaisuus, Nationalismi viime vuosisadan vaihteen arkkitehtuurissa ja sitä koskevissa kirjoituksissa, Suomen Muinaismuistoyhdistyksen Aikakauskirja, Finska Fornminnesföreningens tidskrift 95, Helsinki.

X. [--]. Nykyajan arkkitehtuuri ja kodinsisustus, "Olemme luopuneet koristeellisesta muotoajattelusta kodinsisustuksessa," Arkkit. Alvar Aalto esittää mielipiteitään, Uusi Aura (UA) 21.10.1928.

Yhteiskunnallisista kysymyksistä ensimmäinen: miten asumme? Siitä ovat suorassa riippuvuussuhteessa mm. rikollisuus, keski-ikä ja väestön lukumäärä, Millaisia ovat uudenaikaiset asuntoyhteiskunnat? Nykypäivä (NP) 6/1936.

Ålander, Kyösti, 1952, Suomen teollisuuden arkkitehtuuria, Seuran kirjapainon Oy, Helsinki.

Åström, Sven-Erik, 1956, Kaupunkiyhteiskunta murrosvaiheessa, Helsingin kaupungin historia, IV osa, jälkimmäinen nide, Suomalaisen Kirjallisuuden Kirjapaino Oy, Helsinki.

Äänekosken kirkko, Uudistustyö suoritettiin loppuun ja kirkko jälleen seurakunnan käytettäwänä, Keskisuomalainen (KSML) 23.9.1924.

Ääri, Arvo, 1944, Asunto- ja taideteollisuusnäyttely Malmössä, Suomen osasto erikoisen huomion kohteena, Helsingin Sanomat (HS) 29.8.1944.

クレジット

p. 6
プライベート・アーカイブズ

pp. 13-24
プライベート・アーカイブズ

p. 25
Architectan arkisto, Kansallisarkisto.

pp. 27-30
プライベート・アーカイブズ

p. 31
写真: Alvar Aalto, AAA100194, AAS.

p. 32
写真: Alvar Aalto (?) 1928, AAA100156, AAS.

p. 33
プライベート・アーカイブズ

p. 34
Museum of Finnish Architecture

p. 35上
AAA2-030, AAS.

p. 35下
AAA2-114, AAS.

p. 37
写真: Aino Aalto 1947, プライベート・アーカイブズ

pp. 38-39
写真: Alvar Aalto, 1947, プライベート・アーカイブズ

pp. 40-43
プライベート・アーカイブズ

p. 44
写真: Eino Mäkinen 1937, プライベート・アーカイブズ

p. 45
写真: Fred. Runeberg, ププライベート・アーカイブズ

pp. 46-49
プライベート・アーカイブズ

p. 50
Teknillinen korkeakoulu, Espoo.

p. 51
SRM.

pp. 52-55
プライベート・アーカイブズ

p. 56
写真: Gustaf Welin, AAA46-008-076, AAS.

p. 57
Artekin arkisto, AAS.

p. 58
20-38, AAS.

pp. 60-61
プライベート・アーカイブズ

p. 62上
プライベート・アーカイブズ

p. 62左下
写真: Alvar Aalto, AAA86-003-008, AAS.

p. 62右下
プライベート・アーカイブズ

p. 63上
写真: Aino Aalto n. 1926, AAA86-003-006, AAS.

p. 63下
86-22, AAS.

p. 64
23-3, AAS.

p. 65上
プライベート・アーカイブズ

p. 65中左
AAA102512, AAS.

p. 65中右
AAA102509, AAS.

p. 65中下
51-5, AAS.

p. 65下
86-143, AAS.

p. 66
AAS.

p. 67上
85-16, AAS.

p. 67下
26-10, AAS.

p. 68左上
写真: Gustaf Welin, AAA50-003-432, AAS.

p. 68右上
写真: Gustaf Welin, AAA50-003-418, AAS.

p. 68左下
AAA50-003-072, AAS.

p. 68右下
50-447, AAS.

p. 69
写真: Aino Aalto n. 1932, AAA50-003-048, AAS.

p. 70左上
プライベート・アーカイブズ

p. 70右上
写真: Gustaf Welin, AAA91-005-005, AAS.

p. 70下
写真: Gustaf Welin, AAA91-005-001, AAS.

p. 71
写真: Aino Aalto, AAA46-008-028, AAS.

p. 72左上
写真: Gustaf Welin 1935, AAA43-004-102, AAS.

p. 72右上
写真: Aino Aalto 1935, AAA43-004-045, AAS.

p. 72左下
写真: Gustaf Welin 1935, AAA43-004-153, AAS.

p. 72右下
43-532, AAS.

p. 73左上
AAS.

p. 73右上
写真: Aino Aalto 1928, AAA82-001-006, AAS.

p. 73左下
82-14, AAS.

p. 73右下
AAS.

p. 74左
写真: Gustaf Welin, AAA62-005-041, AAS.

p. 74右
93-23, AAS.

p. 75左上
47-167, AAS.

p. 75右上
47-162, AAS.

p. 75下
Museum of Finnish Architecture

p. 76上
84-32, AAS.

p. 76中
84-30, AAS.

p. 76下
Museum of Finnish Architecture

p. 77上
写真: Henry Sarian, AAA68-006-051, AAS.

p. 77下
写真: Henry Sarian, AAA68-006-050, AAS.

p. 78左
写真: Eino Mäkinen n. 1937, AAA84-003-216, AAS.

p. 78右
写真: Eino Mäkinen, AAA84-003-154, AAS.

p. 79上
AAA84-003-115, AAS.

p. 79左下
84-87, AAS.

p. 79右下
AAA84-003-001, AAS.

p. 80左上
写真: Eino Mäkinen 1937, AAA101762, AAS.

p. 80右上
Artekin arkisto, AAS.

p. 80左下
70-523, AAS.

p. 80右下
写真: Aino Aalto 1937, AAA81-002-112, AAS.

p. 81左上
Museum of Finnish Architecture

p. 81右上
68-493, AAS.

p. 81左下
写真: Eino Mäkinen 1939, AAA68-008-038, AAS.

p. 81右下
68-371, AAS.

p. 82左上
プライベート・アーカイブズ

p. 82右上
AAA84-004-363, AAS.

p. 82下
写真: Eino Mäkinen, AAA84-004-052, AAS.

p. 83上
AAA84-004-119, AAS.

p. 83左下
写真: Eino Mäkinen 1939, AAA84-004-378, AAS.

p. 83中下
AAA84-004-137, AAS.

p. 83右下
写真: Gustaf Welin, AAA84-004-298, AAS.

p. 84左上
写真: Elby 1946, AAA101263, AAS.

p. 84右上
写真: Elby 1946, AAA101260, AAS.

p. 84下
68-537, AAS.

p. 85左上
42-432, AAS.

p. 85右上
写真: Jari Jetsonen 2000, AAS.

p. 85下
AAA101064, AAS.

pp. 86-97, 99-109
写真: Maija Holma, AAS.

pp. 91右上, 95右上, 98
Piirustukset: Artekin arkisto, AAS.

pp. 110-111
AAA70-003-123, AAS.

p. 112左
プライベート・アーカイブズ

p. 112右
写真: Maija Holma, dv 42, AAS.

p. 113
写真: Maija Holma, dv 40, AAS.

p. 114上
91-14, AAS.

p. 114中, 左下, 右下
プライベート・アーカイブズ

p. 115左
Arkkitehti 2/1933,18.

p. 115右
プライベート・アーカイブズ

p. 116
Artekin arkisto, AAS.

p. 117上
写真: Gustaf Welin, AAA50-003-370, AAS.

p. 117中, 右下
Artekin arkisto, AAS.

p. 117左下
Artekin arkisto, AAS.

p. 118左
AAA103230, AAS.

p. 118右
AAA103232, AAS.

pp. 118-119
写真: Heinrich Iffland 1930, AAA103228, AAS.

p. 119左
AAA84-003-160, AAS.

p. 119右
AAA103223, AAS.

p. 119下
Ornamon vuosikirja 12-13, 39.

p. 120
AAA70-003-118, AAS.

p. 121
AAA70-003-120, AAS.

pp. 122-123
写真: Maija Holma, av 1983, AAS.

p. 124
Artekin arkisto, AAS.

p. 125左
Artekin arkisto, AAS.

p. 125右
写真: Foto Roos n. 1938, AAA81-002-068, AAS.

p. 126
Artekin arkisto, AAS.

p. 128左上, 右上, 右下
Museum of Finnish Architecture

p. 128左下
Arkkitehti 10/1944, 114.

p. 129
Artekin arkisto, AAS.

p. 130
写真: Maija Holma, av 605, AAS.

p. 131
写真: Maija Holma, av 3622, AAS.

p. 132
AAS.

p. 133
写真: Aino Aalto, AAA20-004-007, AAS.

pp. 134-137, 139
Artekin arkisto, AAS.

p. 140
写真: Maija Holma, av 1987, AAS.

p. 141
Artekin arkisto, AAS.

p. 142
AAS.

pp. 143-144
Artekin arkisto, AAS.

p. 145
Artekin kuvasto 1966.

p. 146
AAA101760, AAS.

p. 147左
プライベート・アーカイブズ

p. 147右
不明

p. 148
写真: Maija Holma, AAS.

pp. 151-163
写真: Maija Holma, AAS.

pp. 164-165
写真: Alvar Aalto n. 1932, プライベート・アーカイブズ

p. 167上
プライベート・アーカイブズ

p. 167下
写真: Aino Aalto 1939, プライベート・アーカイブズ

p. 169
写真: I. K. Inha 1890-luku, MV.

p. 170
写真: Aino Aalto 1921, プライベート・アーカイブズ

p. 171
プライベート・アーカイブズ

pp. 172-174
写真: Aino Aalto 1924, プライベート・アーカイブズ

p. 175
写真: Aino Aalto 1921, プライベート・アーカイブズ

p. 176上
写真: Aino Aalto 1928, AAA46-008-034, AAS.

p. 176左下
写真: Aino Aalto 1925, AAA46-002-030, AAS.

p. 176右下
写真: Aino Aalto 1925, AAA46-002-010, AAS.

p. 177
写真: Aino Aalto 1925, AAA46-002-064, AAS.

p. 178
写真: Aino Aalto 1928, AAA46-008-032, AAS.

p. 179
写真: László Moholy-Nagy n. 1925, George Eastman House, New York.

p. 180
写真: Aino Aalto 1929, AAA82-001-012, AAS.

p. 181
写真: Aino Aalto 1929, AAA82-001-021, AAS.

p. 182
Gräff Werner 1929, Es kommt der neue fotograf, Berlin.

p. 183
写真: Eino Mäkinen, SEA.

p. 184
写真: Alvar Aalto 1931, プライベート・アーカイブズ

p. 185
写真: Aino Aalto 1931, AAA100568, AAS.

pp. 186-187
写真: Alvar Aalto 1933, プライベート・アーカイブズ

pp. 189-190
写真: Aino Aalto n. 1932, プライベート・アーカイブズ

p. 191
写真: Vilho Setälä 1932, SVM.

p. 193上
写真: Aino Aalto 1930, AAA62-005-064, AAS.

p. 193下
写真: Eino Mäkinen, SEA.

pp. 194-195
写真: Aino Aalto 1930, AAA62-005-062, AAS.

p. 196左
写真: Aino Aalto 1932, AAA50-003-277, AAS.

p. 196右
写真: Aino Aalto 1932, プライベート・アーカイブズ

p. 197
写真: Aino Aalto 1932, プライベート・アーカイブズ

p. 198左
写真: Aino Aalto 1932, AAA50-003-178, AAS.

p. 198右
写真: Aino Aalto 1932, AAA50-003-146, AAS.

p. 199
写真: Aino Aalto 1932, AAA50-003-234, AAS.

p. 200
写真: Aino Aalto 1932, AAA50-003-384, AAS.

p. 201上
写真: Aino Aalto 1932, AAA50-003-394, AAS.

p. 201左下
写真: Aino Aalto 1932, AAA50-003-386, AAS.

p. 201右下
写真: Aino Aalto 1932, AAA50-003-388, AAS.

p. 202左
写真: Aino Aalto 1935, AAA43-004-020, AAS.

pp. 202-203
写真: Gustaf Welin 1935, AAA43-004-081, AAS.

pp. 204-205
プライベート・アーカイブズ

pp. 206-208
プライベート・アーカイブズ

p. 209
Suomen Kuvalehti.

p. 210
SRM.

pp. 211-212, 214
プライベート・アーカイブズ

p. 215
93-30, AAS.

p. 216
Museum of Finnish Architecture

p. 217
プライベート・アーカイブズ

p. 218
写真: Martti Kapanen, AAS.

p. 219
AAS.

p. 220
プライベート・アーカイブズ

pp. 220-221
Artekin arkisto, AAS.

p. 222
写真: Aino Aalto 1929, AAA82-001-022, AAS.

p. 223左
Artekin arkisto, AAS.

p. 223右
Sonja Sandellin kokoelma.

p. 224
Artekin arkisto, AAS.

p. 225
91-39, AAS.

p. 226
AAA84-004-368, AAS.

p. 227
AAA84-004-440, AAS.

p. 228
写真: Heinrich Iffland, AAA103213, AAS.

pp. 230-231
プライベート・アーカイブズ

表紙
プリント布地 “Lehti”, Aino Aalto, 1937.

アイノ・アールト関連年表

西暦：1894 ≈ 1906 1907 1908 1909 1910 1911 1912 1913 1914 1915 1916 1917 1918 1919 1920 1921 1922 1923 1924 1925 1926 1927 1928

政治社会事象

西暦	事象
1906	議会改革により 普通選挙権、女性参政権
1914–1918	第一次世界大戦
1917	ロシア革命
1917	ロシアからの独立を宣言
1918	社会民主主義者「赤衛軍」と保守派「白衛軍」の間で内戦 白衛軍が勝利、当時の人口300万人のうち約37000人が命を失う
1919	憲法採択、大統領を元首とする共和国となる
1922	雇用契約法、既婚女性の雇用が認められる

アイノ・アールト

西暦	事象
1894	1月25日ヘルシンキで生まれる
1913	ヘルシンキ工科大学に入学
1914	ルーテル教会堂の現場で実習
1916	ヒエタラハティ木工・家具工場（サンドヴィケンズ株式会社）で実習
1917	ヘルシンキ木工・家具工場で実習
1919	ツムストッケン協会設立に参加
1920	ヘルシンキ工科大学を卒業
1921	学生仲間とイタリア旅行
1924	アールト事務所、ユヴァスキュラ 入所
1924	アルヴァと結婚。ヨーロッパに新婚旅行
1925	長女ヨハンナ生まれる
1927	アールト事務所トゥルクに移転
1927	マルケリウス夫妻との交流始まる
1928	長男ハミルカル生まれる
1928	アールト夫妻、スウェーデン、デンマーク経由でヨーロッパへ旅行
1928	工事中のアスプルンドの「ストックホルム市立図書館」訪問
1928	完成直後のル・コルビュジエの「ガルシュの住宅」訪問

アイノが関わった作品・展覧会

西暦	作品・展覧会
1924	アラタロ・メイナー（領主館）の主屋
1924	ユヴァスキュラ労働者クラブ
1924	ハーメ学生協会のバンケット・ホール
1926	ヴィラ・フローラ
1926	ユヴァスキュラの牧師館
1926	カルスツラの医者の家の改装
1926	タパニ・ハウス
	このころ、アールト事務所、モダニズムへ転換
1928	トゥルン・サノマ新聞社
1928	南西フィンランド農業協同組合ビル トゥルクのアールト邸

建築事象・作品

西暦	事象・作品
1910	ロース・ハウス／アドルフ・ロース
1910	フランク・ロイド・ライト、ヨーロッパでヴァスムート版作品集刊行
1911	ファグス靴工場／ヴァルター・グロピウス+アドルフ・マイヤー
1914	ヘルシンキ中央駅／エリエル・サーリネン
1914	ドミノ・システム／ル・コルビュジエ
1919	バウハウス開校 校長室／ヴァルター・グロピウス
1923	ストックホルム市庁舎／ラグナル・エストベリ
1924	シュレーダー邸／ヘリット・リートフェルト
1925	パリ装飾美術博覧会エスプリ・ヌーヴォ館／ル・コルビュジエ
1926	バウハウス校舎（デッサウ）／ヴァルター・グロピ
1927	聖アントニウス教会／カール・モーザー
1927	ヴァイセンホーフ・ジードルング／ミース、ル・コルビュジエ、グロピウス他
1927	ガルシェの住宅／ル・コルビュジエ
1928	ストックホルム市立図書館／グンナール・アスプルンド
1928	第1回CIAM（近代建築国際会議）スイスのラ・サラで開催

世界の政治社会事象
フィンランドの政治社会事象
アイノ・アールト関連事象・作品
北欧の建築事象・作品
世界の建築事象・作品

- 1929 ウォール街の株価大暴落、世界大恐慌
- 1929 禁酒法
- 1929 結婚法
- 1931 満州事変
- 1933 ナチス政権獲得
- 1939 第2次世界大戦
- 1939 ソ連がフィンランドに侵攻、ソビエト・フィンランド冬戦争
- 1940 日独伊三国同盟
- 1941 ソビエト・フィンランド継続戦争
- 1944 フィンランドの一部ソ連に割譲
- 1945 広島、長崎に原爆投下される

1929 1930 1931 1932 1933 1934 1935 1936 1937 1938 1939 1940 1941 1942 1943 1944 1945 1946 1947 1948 1949 1950 1951 1952 1953 1954 1955 1956 1957 1958 1959

- 1929 アルヴァ、第2回CIAM大会(フランクフルト)出席、モホリ=ナギ、ギーディオン、グロピウスらとの交友始まる
- 1931 悪性腫瘍の手術
- 1931 モホリ=ナギ、フィンランド訪問
- 1932 カルフラ=イッタラ・ガラス器製造のコンペで「ボルゲブリック」が2等
- 1933 カルフラ=イッタラ・ガラス器製造のコンペで「リーヒメーエン・クッカ」が2等
- 1933 ミラノ・トリエンナーレ「パイミオのサナトリウム」の家具によって国際的な称賛を受ける
- 1933 アールト事務所ヘルシンキに移転
- 1933 ロンドンの百貨店フォートナム・アンド・メイソンで「フィンランド家具展」
  この後、アールト家具の輸出始まる
- 1933 アールト夫妻、初めてロンドンを訪れ、モホリ=ナギとロイヤル・バレードを観る
- 1934 アルフレッド・コルデリン財団の奨学金でヨーロッパ建築インテリア視察旅行
- 1935 アルヴァとアムステルダム、ブリュッセル、パリ、チューリッヒへヨーロッパのインテリア、特にテキスタイルやインテリア素材、視察旅行
- 1935 アルテック設立
- 1936 ミラノ・トリエンナーレ「ボルゲブリック」がゴールド・メダル、会場構成がグランプリを受賞
- 1939 ニューヨーク万国博覧会のために「アーロン・クッカ」デザイン
- 1942 アーキテクタ協会が設立される
- 1943 アルヴァ、フィンランド建築家協会(SAFA)会長
- 1946 アルヴァ、MITの客員教授
- 1946 癌の手術
- 1948 アルヴァとスイスへ旅行、アルテックの代理店ウォーンベダルフ社との取引再開
- 1948 アルヴァとイタリアへ旅行
- 1948 病気悪化、アルヴァ、アメリカから帰国
- 1949 1月13日、死去

- 1930 フィンランド工芸デザイン協会の最小限住居展
- 1930 ポイティア教区教会
- 1932 パイミオのサナトリウム
- 1932 ヴィラ・タンメカン
- 1932 インシュライト・ヴィラ・コンペ(北欧建築会議の展覧会)
- 1932 ニューヨーク近代美術館(MoMA)「近代建築:国際展覧会」(トゥルン・サノマ新聞社ビル選出)
- 1932 ガラス器、ボルゲブリック
- 1933 ヴィープリの図書館
- 1933 ガラス器、リーヒメーエン・クッカ
- 1935 リーヒティのアールト邸(ヘルシンキ・ムンキニエミ)
- 1936 ヘルシンキの「グリクセン邸」増築とインテリア・デザイン
- 1936 レストラン・サヴォイのインテリア
- 1937 スニラ製紙工場のオフィス、レジャー施設、労働者住宅
- 1937 パリ万国博覧会フィンランド館"Le bois est en marche"
- 1938 ニューヨーク近代美術館(MoMA)「アルヴァ・アールト ── 建築と家具展」
- 1939 ニューヨーク万国博覧会フィンランド館
- 1939 カルフラ子供の家
- 1939 フィンランド・ハウジング・フェア
- 1939 ガラス器、アーロン・クッカ
- 1939 ヴィラ・マイレア
- 1944 マルモのハウジング工芸展"Vi bo i friluftsstaden"
- 1945 ヘデモラのスウェーデン・アルテックのパビリオン
- 1945 ノールマルク子供福祉健康センター
- 1947 MIT学生寮ベーカーハウス
- 1947 アイノとアルヴァ・アールト25周年記念展、ヘルシンキ
- 1948 夏の家、ヘイノラ
- 1948 国民年金協会コンペ1等

- 1929 第2回CIAM(フランクフルト)、テーマ「最小限住宅」
- 1930 ストックホルム博覧会/グンナール・アスプルンド
  北欧にモダニズムが普及する契機になった
- 1930 トゥーゲントハット邸/ミース・ファン・デル・ローエ
- 1930 第3回CIAM(ブリュッセル)、テーマ「配置の合理的方法」
- 1931 サヴォア邸/ル・コルビュジエ
- 1932 ヘルシンボリ・コンサートホール/スヴェン・マルケリウス
- 1933 バウハウス閉校
- 1933 第4回CIAM(アテネ)、テーマ「機能的都市」、アテネ憲章採択
- 1936 カサ・デル・ファッショ/ジュゼッペ・テラーニ
- 1936 落水荘/フランク・ロイド・ライト
- 1937 パリ万国博覧会日本館(グランプリ)/坂倉準三
- 1937 サンテリア幼稚園/ジュゼッペ・テラーニ
- 1937 第5回CIAM(パリ)、テーマ「建築の工業化」
- 1938 マラパルテ邸/アダルベルト・リベラ
- 1938 ジョンソン・ワックス本社/フランク・ロイド・ライト
- 1940 森の火葬場/グンナール・アスプルンド
- 1940 夏の家/グンナール・アスプルンド
- 1947 ブロイヤー自邸/マルセル・ブロイヤー
- 1947 バラガン自邸/ルイス・バラガン
- 1949 イームズ自邸/チャールズ・イームズ
- 1949 グラス・ハウス/フィリップ・ジョンソン

索引

協力者

特別協力：
公益財団法人
ギャラリー エー クワッド

岡部三知代（公益財団法人
ギャラリー エー クワッド）

迫村裕子（S2株式会社）

編集協力：南風舎

翻訳協力：フィンランドセンター

年表作成：小川守之
pp. 240-241

索引作成：南風舎
pp. 242-243

AINO AALTO
アイノ・アールト

2016年7月20日　初版第1刷発行

監修	アルヴァ・アールト財団、アルヴァ・アールト博物館
編者	ウッラ・キンヌネン
訳者	小川守之
発行者	加藤 徹
発行所	TOTO出版（TOTO株式会社） 〒107-0062 東京都港区南青山1-24-3 TOTO乃木坂ビル2F [営業] TEL：03-3402-7138 FAX：03-3402-7187 [編集] TEL：03-3497-1010 URL: http://www.toto.co.jp/publishing/
ブックデザイン	緒方裕子
印刷・製本	図書印刷株式会社

落丁本・乱丁本はお取り替えいたします。

定価はカバーに表示してあります。

Printed in Japan
ISBN978-4-88706-359-4